JN411748

쓸모 많은 뇌과학

감사하는 뇌가 인생을 바꾼다

뇌과학이 그려낸 단 하나의 감사 교과서

감사하는 뇌가 인생을 바꾼다

✦ 가바사와 시온·다시로 마사타카 지음 | 오시연 옮김 ✦

현대지성

추천의 글

"감사, 뇌과학이 증명한 가장 강력한 선물"

『감사하는 뇌가 인생을 바꾼다』는 많은 자기계발서가 주장하는 긍정적인 마인드에 대한 이야기가 아니다. 오히려 너무 지치고 절망해 더 이상 삶을 긍정할 만한 아무런 근거가 없어졌을 때 필요한 응급처치에 관한 이야기다. 저자가 말하는 감사는 단순한 인사말이 아니다. 진정한 감사는 나 자신과 상대의 마음 깊은 곳에서 신의 은총을 샘솟게 하는 힘이다. 뇌를 물리적으로 변화시키고, 궁극적으로 삶을 변화시키는 하나의 단어 '감사'를 다시 생각해봐야 하는 이유다. 업무 성과를 높이고 싶은 사람은 물론, 삶을 최적화하고 실질적인 변화를 원하는 독자들에게 이 책은 분명 큰 변화를 가져다줄 것이다. 이 책으로 감사의 경지를 높인 독자로서 잔잔한 감동을 담아 일독을 추천한다.

김대수 | KAIST 뇌인지과학과 교수

✦ 들어가며 ✦

오래전부터 쓰고 싶었던 세계 최초의 '감사 교과서'

정신과 의사 가바사와 시온

먼 옛날부터 지금 이 순간까지,
셀 수 없이 많은 이의 인생을 바꾼 마법의 주문 같은 말.

그것은….

"고맙습니다."

감사하자. 그리고 이렇게 말하자.
"고맙습니다."

사람들은 흔히 말한다. 감사하는 마음을 가지면 인간관계가 원만해지고 일이 잘 풀린다고. 실제로 웬만한 자기계발서를 펼쳐보면 예외 없이 감사의 힘을 강조한다. 그런데 정말 감사만 하면 모든 일이 잘 풀릴까? 이 주장을 뒷받침하는 과학적 근거가 있을까?

많은 자기계발서가 저자의 개인적인 경험이나 주변 사람들의 일화를 사례로 들어 감사의 힘을 이야기한다. 하지만 이는 객관적인 증거가 될 수 없다. 실제로 영적인 영역에만 기대어 감사의 힘을 설명하는 책도 심심찮게 보인다. 그래서인지, 책에서 읽은 대로 "고맙습니다"라고 말해봤지만 아무런 변화가 없었다고 말하는 이들도 있다.

이런 사람들은 아마도 감사를 표현하는 방식이 잘못되었을 것이다. 마음속으로는 감사하면서도 말로 표현하지 않거나, 진심이 담기지 않은 "고맙습니다"를 주문처럼 반복했을지도 모른다. 진정한 감사는 마음과 행동이 하나일 때 비로소 그 힘을 발휘한다.

감사에 관한 책은 많지만, 내가 아는 책 중에 과학적 근거, 풍부한 사례, 구체적인 실천 방법을 모두 담은 책은 단 한 권도 없다. 그렇다면 감사의 효과를 증명하는 심리학적 혹은 과학적 근거가 없는 걸까? 그렇지 않다.

미국을 중심으로 널리 퍼진 행복심리학(긍정심리학) 분야에서는 친절이나 감사 같은 긍정적인 감정과 행복감에 초점을 둔 연구가 활발히 진행되고 있다. **실제로 감사와 친절을 실천한 사람들은 업무 성과가 오르고 정신 건강이 회복되었으며, 수면의 질과 신체 상태가 좋아지고, 행복감까지 커졌다는 연구 결과가 쌓이고 있다.**

최근에는 뇌과학이 발달하면서, 예전에는 다루기 어려웠던 감정과 뇌의 특정 부위 활성화 사이의 관계, 뇌 내 물질 분비 메커니즘이 조금씩 밝혀지고 있다. 하지만 과학자가 쓴 책은 대체로 사례가 부족하다. 독자의 공감을 불러일으키는 감사로 실제 인생이 바뀐 경험이 담겨 있지 않아 딱딱하고 건조하다.

개인적 경험이나 영적 메시지만 강조하는 책이 아닌, **생생한 사례와 심리학적·뇌과학적 근거가 조화롭게 어우러진 설득력 있는 책.** 읽기만 해도 오늘부터 "고맙습니다"라고 말하고 싶어지는 책을 몇 년 전부터 찾고 있었다.

나 또한 비슷한 분야의 책을 써왔다. 2021년에 출간한 『정신과 의사가 발견한 세 가지 행복』(이하 『세 가지 행복』)에서 친절과 감사를 수레바퀴에 비유했다. 친절은 옥시토신을, 감사는 엔도르핀을 분비시킨다. 이 두 개의 바퀴만 잘 굴려도 인간은 행복해질 수 있다는 내용이다. 하지만 감사의 마음을 가졌더니 현실이 바뀌더라는 나의 개인적인 경험에 대해 설득력 있는 과학적 데이터가 다소 부족했다.

감사에는 분명히 큰 힘이 있다. 감사로 삶이 변하고 때로는 기적이 일어난다. 학술적인 근거와 풍부한 사례를 담아 **세계 최초의 '감사 교과서'를 쓰고 싶었다.** 『세 가지 행복』의 속편으로도 손색이 없다고 생각했다. 그러던 어느 날, 15년 지기 친구인 다시로 마사타카 씨를 도쿄에서 오랜만에 만났다. 여러 이야기가 오가던 중 그가 말했다.

"감사를 주제로 한 책을 낼까 하는데…."

그 순간 직감적으로 바로 이거다! 싶었다. 다시로 씨는 '100만 명의 고맙습니다 프로젝트'라는 감사 실천 커뮤니티를 운영하고 있다. 또 사람과 사람의 인연을 잇는 교류회 '후쿠비키회ふくびき会'를 10년 넘게 운영하며 국내외 21개 도시에서 8,800명 이상의 인연을 연결해준 사람이다. 그는 최고의 감사 실천자다. 언제나 얼굴에는 웃음이 가득하고 함께하는 내내 즐겁다. 후쿠오카에 살아 자주 만날 수는 없지만, 일주일간의 규슈 여행을 두 번, 미국 라스베이거스와 세도나 여행을 함께 간 적 있는,

묘한 인연이다.

감사의 힘을 증명하는 심리학적·뇌과학적 근거에, 다시로 씨가 꾸준히 이어온 감사 실천과 그 모임에서 쌓인 100만 건이 넘는 사례를 더한다면 어떨까? 일본에서, 아니 세계에서 가장 설득력 있는 감사에 관한 책, 바로 '감사 교과서'가 될 수 있다고 확신했다. 그 믿음은 곧바로 우리를 공동 집필의 길로 이끌었다. 지금까지 총 51종의 책을 집필했지만, 공저는 12년 전에 출간된 단 한 종뿐일 정도로 내게는 몹시 드문 경험이었다. 그렇게 인연이 시작되어, 마침내 여러분이 지금 손에 들고 있는 이 책이 완성되었다.

요즘 SNS를 보면 타인에 대한 비난과 비방이 난무한다. "죽어버려!" 같은 말 한마디가 연예인을 자살로 내몰기도 한다. 물론 긍정적인 말로 사람을 즐겁고 행복하게 하는 사람도 많지만, 생각보다 더 많은 이가 부정적인 말을 쉽게 내뱉는다. 부정적이고 공격적인 말을 던지면서 서로에게 상처를 입힐 것인가, 친절과 감사 속에서 서로를 치유하고 격려할 것인가? 당신은 어떤 세상에서 살고 싶은가?

SNS가 생긴 후, 우리는 누가 어디서 무슨 말을 했는지 바로바로 확인할 수 있게 되었다. 하지만 이런 편리함 뒤에서, 언어는 때로 흉기가 되어 우리에게 상처를 입히기도 한다. **그러므로 지금 이 시대에 감사라는 감정과 행동은 그 어느 때보다 절실하다.** 나는 지금이야말로 '감사 교과서'를 세상에 내놓을 때라고 확신했다.

당신의 고민, 불안, 괴로운 현실은 단 하나의 말로 바뀔 수 있다.

"고맙습니다."

이제 이 책을 펼치고 감사하는 뇌를 탐험하는 여행을 시작하자. 책을 덮을 즈음이면, 분명 이렇게 말하고 싶어 견딜 수 없을 것이다.

"고맙습니다."

✦ 들어가며 ✦

"고맙습니다"로 얻은 모든 것을 당신에게 바치며

감사 연구가 다시로 마사타카

이 책을 집어 든 당신에게 진심으로 감사드린다. 당신도 이 책을 선택한 당신의 뛰어난 감성과 직감에 스스로 "고맙다"라고 말해주길 바란다. 당신의 미래를 극적으로 바꿀 가능성이 이 책에 담겨 있기 때문이다.

나는 세계 곳곳을 다니며 감사의 힘을 깊이 이해하고, 그것을 일상생활에 적용하는 법을 전해온 감사 연구가 다시로 마사타카다. 나는 여러 개의 직함을 가지며 살아왔다. 상사商社에 다닐 때는 신사업 개발을 맡았다. 이후 회사에서 나와 창업한 뒤에는 SNS 개발, 공유 사이트 구축, 비즈니스 컨설팅을 했고, 온

라인 쇼핑몰이나 관광지 매장을 열어 운영하기도 했다. 후쿠티키회 같은 비즈니스 매칭 교류회도 전부 바닥에서 시작했다. 또 커뮤니티 전문가로서 다양한 모임을 이끌기도 했다. 돌아보면 **나는 늘 사람을 연결하고, 무언가를 전하며, 시대의 흐름을 앞서 읽는 일을 무척 좋아하고 잘해왔다.**

나는 삼 형제 중 맏이다. 동생 중 한 명은 우쿨렐레 제작자이자 연주자이고, 다른 한 명은 일본 축구 국가대표 선수였다. 그에 비해 나는 아무런 뚜렷한 재능이 없는 듯했고, 특별한 강점이 없어 고민하던 시기도 있었다. **그런 내가 지금 이렇게 다양한 일을 할 수 있는 것은 바로 '감사하는 뇌' 덕분이다.**

2018년, 동료들과 함께 설립한 센스이仙水라는 회사에 다니면서 감사하는 뇌의 힘을 확신했다. 이름 그대로 "사람과 산과 물을 맑게 하고 싶다"라는 뜻이 담긴 회사로, 산과 물을 정화하는 기술을 가진 기업들을 지원했다. 실제로 흙탕물이 고여 있던 연못과 강이 맑아지는 과정을 지켜보았다. 마치 지구의 아름다운 미래를 살짝 들여다본 듯했다. 하지만 그것이 근본적인 해결책은 아니라는 사실을 깨달았다.

"근본적인 문제는 사람에게 있다. 지구를 더럽히는 행위가 계속되는 것은 사람의 마음 때문이다. 그렇다면 어떻게 마음의 문제를 해결할 수 있을까?" 그렇게 자문하기 시작할 무렵, 남미 티티카카호에서 충격적인 만남이 기다리고 있었다. 티티카카호는 볼리비아와 페루에 걸쳐 있는 거대한 호수로, 2020년에 그 안에 떠 있는 태양의 섬을 방문할 기회가 찾아왔다. 잉카제국 발상지로 유명한 그곳은 천국처럼 아름다운 꽃밭이 펼쳐져 있었다. 거기서 만난 아이마라족 원주민은 평화의 기도를 마친 뒤, 환경 문제에 관해 이렇게 말했다. "문제는 사람과 자연이 분리된 것에 있습니다. 사람들이 감사를 잊어버렸기 때문이죠. 감사는 모든 것을 이어줍니다".

"감사는 모든 것을 이어준다"라는 말을 듣고 정신이 번쩍 들었다. 사람은 감사하는 대상을 함부로 대하지 않는다. 감사의 대상을 사람뿐만 아니라 자연에까지 넓힌다면 세상은 어떻게 변할까? 그 순간부터 나는 '감사'라는 주제에 깊이 빠져들었다. 이 경험을 바탕으로 '100만 명의 고맙습니다 프로젝트'가 탄생했다. 감사의 목소리를 모아 하나의 음성으로 만들고, "고맙습니다"라는 말로 사람들을 연결하며, 일상의 모든 일을 고마움의 대상으로 바꿔나가는 커뮤니티다. 프로젝트에 참여해 체계적으로 감사를 실천하는 사람들이 하나둘 기적 같은 일을 경험하고 인생이 극적으로 변하는 것을 보면서, 이 사실을 더 많은 사람에게 알리고 싶다는 마음이 간절해졌다.

"고맙습니다"라는 말에는 정말 그런 힘이 있는 걸까? 뒷받침하는 과학적 근거가 있을까? "고맙습니다"를 하나의 법칙으로 만들 수는 없을까? 이런 생각을 하던 중, 15년 지기인 가바사와 선생님을 다시 만나게 되었다. 정신과 의사인 가바사와 선생님은 방대한 지식과 데이터를 바탕으로 어떤 질문에도 명쾌하게 답을 내놓는다. 게다가 모든 지식을 생생하게 전달할 수 있다. 내가 지금껏 실천한 것들이 감사하는 뇌를 만드는 방법이라는 것을 과학적으로 분석해주었다.

나는 이 책에 혹독한 수행 끝에 깨달은 감사의 본질, 인간관계의 축소판, 커뮤니티 전문가로서 수만 명과 직접 관계를 맺으며 확인한 감사의 힘, '100만 명의 고맙습니다' 프로젝트 참가자들의 생생한 경험담을 담아 독자가 간접적으로나마 체험할 수 있도록 했다. 여기에 가바사와 선생님의 의학적 관점과 과학적 근거를 바탕으로 한 이해하기 쉬운 해설을 더해, 누구나 '감사하는 뇌'에 도달할 수 있는 방법을 정리했다.

감사의 길에는 3단계가 있다. 가장 낮은 단계는 **친절에 대한 감사**로, 누군가에게 도움을 받았을 때 "고맙습니다"라고 말하는 것이다. 중간 단계는 **일상에 대한 감사**로, 당연하게 여겼던 모든 일에 감사하는 것이다. 마지막이자 가장 높은 단계는 역경에 대한 감사다. 무슨 일이 일어나도 "고맙습니다"라고 말할 수 있는 경지로, 이 단계에 도달하면 감사하는 뇌가 완성된다.

평소에 감사 사고를 꾸준히 실천하다 보면 누구나 이 3단계를 밟고 올라 감사하는 뇌를 가질 수 있다. 이 책을 다 읽고 덮을 때, 독자들은 이렇게 느낄 것이다. '이 책을 만나서 정말 다행이다. 이 책을 선택한 나 자신아, 정말 고맙다.' 그 기쁨과 상쾌함 속에서 남은 인생을 다시 시작하고 싶어질 것이다. 그것이야말로 이 책이 지향하는 바다.

감사하는 뇌로 가는 단계

감사 사고를
거듭한다

역경에 대한 감사
"무슨 일이
일어나도 고맙습니다."

성공
행복
감사하는 뇌
꿈
신뢰
건강
행운

일상에 대한 감사
"당연한 일에도 고맙습니다."

친절에 대한 감사
"무언가를 해주어서 고맙습니다"

✦ 차례 ✦

4장 ✦ 감사의 분류

5장 ✦ 감사를 만드는 법

6장 ✦ 감사하는 뇌 실천 워크

7장 ✦ 감사하는 뇌가 인생을 바꾼다

✦ 서문 ✦

궁극의 감사 수행

다시로 마사타카

"나는 죽었다….

그리고, 다시 태어났다."

오직 아는 사람만 아는 혹독한 수행, 내가 '고수험도古修験道(다시 태어나는 의례)'을 완수하면서 강렬하게 체감한 변화다. 이 수행은 나에게 단순한 체험이 아니라 궁극의 감사 수행이었다. 감사하는 뇌를 갖추는 데 필요한 모든 것이 요구되었기 때문이다. 감사에 관한 과학적 이야기를 풀어가기 전에, 먼저 감사하는 뇌를 그리기에 가장 적합한 이 경험부터 설명해보려 한다.

일본에는 '수험도'라 불리는 산속 수행의 전통이 있다. 조몬 시대[◆]의 자연 숭배, 산악·바위 숭배 등 고대 신도에서 시작되어, 음양도, 불교(밀교, 법화경), 도교, 샤머니즘, 신도 등이 융합하며 독자적으로 발전한 수행이다. 그 수험도 중에서도 가장 혹독하다고 알려진 것이 고수험도다. 1400년 이상의 역사를 가진 이 수행은 부모와 자식 사이에도 수행 내용을 말하는 것이 금지된 비밀스러운 교법으로 전해져왔다.

고수험도는 죽음의 의식으로 시작해, 다시 태어남을 체험하는 의사擬似 죽음과 재생의 과정을 거친다. 이를 통해 불교에서 말하는 육도윤회(지옥, 아귀, 축생, 아수라, 인간, 천상 세계)를 체험하게 한다. 나는 지금까지 미국 원주민 라코타족의 스웨트 로지, 멕시코 위초올족의 페요테 의식, 미야코지마의 유타 의식 등 여러 지역에서 다시 태어나는 의식을 체험해봤다. 그러므로 이번에도 도전하지 않을 이유가 없었다. 수행의 구체적인 내용은 공개하지 못하게 되어 있으므로, 내가 느낀 점과 깨달은 점을 중심으로 이야기해보겠다.

◆ 기원전 146세기부터 기원진 10세기에 이르는 시대로 일본의 신석기 시대에 해당한다.

① 가르쳐주지 않는 괴로움

먼저 "수행 중에 일어나는 모든 일은 자기 책임"이라는 내용의 서약서에 서명했다. 수행 내용이나 일정이 전혀 공개되어 있지 않아, 대체 무엇을 하게 될지 전혀 알 수 없었다. 수행에 들어가기 전날, 휴대전화와 시계 등 수행에 필요 없는 물건은 모두 숙소에 두고 갔다. 숙소 관계자가 낯선 옷을 입혀주고, 손에는 지팡이를 쥐게 한 뒤 "조심히 다녀오세요"라고 말하며 배웅했다. 그렇게 나는 일주일간의 수행을 시작하게 되었다.

8월 한여름, 태양은 작열하고 매미 소리가 온 산에 가득했다. 어제까지 티셔츠 차림이었던 내 몸에는 흰옷과 두꺼운 장삼이 무겁게 내려앉았다. 참가자는 120명 정도였고, 점호가 끝난 후에 대열을 맞춰 예로부터 영험하다고 알려진 산속으로 들어갔다. 다들 한마디도 하지 않았고, 눈앞에는 하늘까지 이어질 듯한 돌계단이 있었다. 되도록 앞을 보지 않고 한 걸음 한 걸음, 쏟아지는 땀을 옷소매로 훔치며 발을 내디뎠다. 그러던 중 갑자기 누군가가 꾸중을 들었다.

"지팡이는 왼손!"

오른손에 지팡이를 쥐고 있던 사람들이 왼손으로 바꿔 잡기 시작했다. "그런 말은 못 들었는데요"라는 말은 통하지 않았다.

스스로 눈치채야만 했다. 몇 시간을 걸었을까, 시계가 없어 몇 시인지도 알 수 없었다. 태양의 위치로 보아 해 질 녘이 아니었을까? 드디어 수행의 거점이 될 도장에 도착했다.

감사를 통한 깨달음 

기본적으로 아무것도 가르쳐주지 않은 가운데, 잘못된 행동을 하면 꾸지람을 들었다. 정말 비합리적인 상황이었다. 그러나 이런 상황에서도 무언가를 배우거나 스스로 알아차릴 수 있는 사람은 자신의 행동을 돌아볼 수 있다. 어떤 지적을 감사하게 받아들이면, 상대는 다시 친절하게 가르쳐주기도 했다. 반대로, 꾸지람을 듣거나 지적을 당할 때 기분 나빠 하고 감사해하지 않으면 사람들은 점점 상대조차 해주지 않았다.

아무것도 가르쳐주지 않는 상황에서의 괴로움

↓

스스로 알아차리는 힘과 감사하는 마음

② 당연한 일상이 사라지는 괴로움

도장에 도착하자 누군가가 말했다.

“이번 수행은 이끼 수행입니다.”

놀랍게도 수행 기간에는 몸을 씻는 것도, 세수하는 것도, 양치질하는 것도, 옷을 갈아입는 것도 일절 할 수 없다고 했다. 말 그대로 물 없이, 몸에 이끼가 낄 정도로 하는 수행이었다. 다음에 무슨 일이 벌어질지도, 언제 화장실에 갈 수 있는지도 알 수 없었다. 일정을 단 하나도 알려주지 않았기 때문이다. 도장에도 시계가 없어서 지금이 몇 시인지 알 수 없었다. 오직 다음과 같은 말만 전해주었다.

"법라(소라 나팔)가 세 번 울릴 것입니다. 한 번 울리면 화장실을 이용하고, 두 번 울리면 장삼으로 정식 복장을 갖추고, 세 번 울리면 대열을 맞춥니다."

이후의 수행 내용은 말할 수 없지만, 일상에서는 당연히 할 수 있던 모든 것이 전혀 허락되지 않는 수행이 나를 기다리고 있었다.

음식을 씹어서는 안 되었다. 천천히 먹을 수도 없었다. 무조건 수십 초 안에 삼켜야 했다. 애초에 식사를 "식사"라고 부르지도 않았다. 된장국을 포함한 모든 것을 가리키는 말이 전혀 달랐는데, 이에 대한 설명이 없었기 때문에 눈치로 알아차려야만 했다. 우리가 일상에서 쓰는 말조차 쓸 수 없었다. 호흡조차 제대로 할 수 없는 수행도 있었다. 심호흡은커녕 평상시처럼 숨을 쉬는 것도 불가능했다. 극히 미약한, 벌레의 숨 같은 산소만 겨우 들이마실 수 있었다. 눈도 뜰 수 없었다.

밤에는 젖은 옷 그대로 잠들었다. 한 사람당 한 평도 안 되는 비좁은 공간에서 다 함께 뒤엉켜 지냈다. 주위가 신경 쓰여서 잠을 푹 잘 수도 없었다. 겨우 잠들었다 싶으면 한밤중에 울리는 법라 소리에 깨어나 다시 수행을 시작했다. 의식이 몽롱한 채로, 날이 밝을 무렵에는 청소를 했다. 알람을 맞출 수도 없었다. 겨우 첫째 날이 끝났다.

감사를 통한 깨달음 

이런 수행은 육도윤회의 지옥계, 아귀계, 축생계의 수행에 해당한다. 밥을 먹을 수 있는 것, 말이 통하는 것, 숨을 쉴 수 있는 것, 옷을 갈아입을 수 있는 것, 편안하게 잠들 수 있는 것….

우리가 당연하다고 여기는 것이 모두 사라졌을 때, 비로소 진정한 고마움을 알게 된다.

당연한 일상이 사라지면서 생기는 괴로움

당연한 일상에 대한 감사함

③ 안심과 안전이 없는 괴로움

하루의 절반은 '산 달리기'라고 불리는 수행을 했다. 등산로가 아닌, 풀과 나무가 우거지고 짐승들이 다닐 것 같은 험한 산을 오르내렸다. 때때로 절벽을 지날 때는 풀이나 나뭇가지에 의지하며 지나가야 했다. **나뭇가지 하나, 풀 한 포기에 내 목숨이 달려 있는 셈이었다.** 한순간이라도 방심하면 발을 헛디딜 수 있는 곳이었고, 수행 내내 수시로 미끄러지고 넘어졌다. 그럴 때마다 "절벽 아래로 떨어지지 않아서 다행이다", "휴, 크게 다치지 않아서 다행이다" 하며 운명에 감사했다.

몇몇 친절한 사람들은 위험한 장소를 먼저 지나가며 "여기 구덩이가 있어요!", "여기서 미끄러지면 낭떠러지로 떨어져요!"라고 알려줬다. 이런 사람이 앞에 있으면 비교적 안심하고 나아갈 수 있었다. 서로 말을 건네고 격려하는 상부상조도 생겨났다. 하지만 그중에는 자기 앞가림하기도 바빠서 뒤에 있는 사람을 신경 쓸 여유가 없는 사람도 있었다.

④ 분노와 불만의 괴로움

가혹한 수행이 이어지고, 한계에 도달하자 인간의 본성이 드러났다. "더는 못 해먹겠다", "이런 데 와서 뭘 하라는 거야? 제 감사를 통한 깨달음 

작은 친절 하나가 사람을 구한다. 수행 중에는 자신이 겪었던 위험을 알려주는 것만으로도 누군가를 도울 수 있다. 친절에 감사로 보답하다 보면 자연스럽게 서로 돕는 관계로 발전한다.

안심과 안전이 없는 괴로움

친절과 감사가 낳는 서로서로 돕는 마음

대로 알려주지도 않고!", "저 사람 위험하잖아" 하고 투덜대며 불평불만을 쏟아내는 사람. "이럴 줄은 몰랐는데", "도대체 지금 내가 뭘 하고 있는 거지?", "그냥 산을 내려가버릴까?" 하고 비관적으로 변하는 사람. 비합리적인 상황을 향해 "열 받아!", "뭐라고!?", "짜증나!" 하며 버럭 화를 내는 사람. 몰래 쉬거나 대답만 잘할 뿐, 행동으로는 옮기지 않는 사람도 있었다.

반면 이러쿵저러쿵하면서도 끝까지 해내는 사람이나 늘 밝고 긍정적으로 사람들을 격려하는 사람도 있었다. 수행에 들어가면 나이, 경력 따위는 아무 의미가 없다. 모든 사람이 백지상태로 시작한다. 멍하니 있으면 "뭐 하고 있어!" 하는 호통을 들었다. 청소를 할 때도, 식사 준비를 할 때도, 소식을 전할 때도 마찬가지였다. 그저 자신이 할 수 있는 일을 찾아서 묵묵히 해 나가야 했다. 그러다 보면 차츰 주위가 보이기 시작한다. 그것을 반복하다 보면 비로소 주위의 인정을 받는 때가 온다.

본보기가 될 사람을 잘 가려낼 필요도 있었다. 누구에게 묻고, 누구 곁에 있느냐에 따라 사고방식과 시야가 달라졌다. 시간이 흐를수록 사람들은 비슷한 선택을 하는 사람들끼리 무리를 이루었다. 그중에는 무언가를 설명하거나 추진하는 데 뛰어난 사람이 있었다. 그의 말에는 모두가 귀를 기울였고, 사람들은 늘 그 주변으로 모였다. 높은 뜻을 가진 사람 곁에는 꼭 뜻이 있는 사람이 많았다. 밝은 사람 주변도 언제나 사람들로 붐볐다.

⑤ 가족도 일도 없는 괴로움

처음에는 눈앞의 수행을 해내는 것만으로도 벅찼다. 그러나 산행을 비롯한 다른 수행을 거듭하며 막바지에 이르자 다른 곳으로 눈길을 돌릴 수 있게 되었다. 문득 바라본 아름다운 저녁노을을 계기로, 그 아래에 펼쳐진 현실 세계를 떠올렸다. **'가족들은 잘 지내고 있을까?', '일은 잘 돌아가고 있을까?'** 불안감이 엄습하자 부정적인 생각을 멈출 수가 없었다. 그러나 지금쯤

감사를 통한 깨달음 

극한 상태에서 중요한 것은 주변에 활력을 불어넣는 태도였다. 그렇게 노력하다 보면 자기 자신도 활기를 찾게 된다. 불평불만은 입 밖으로 내지 않고, 주변에서 그런 말이 들려와도 단호하게 끊어내는 것이 중요했다. 내가 할 수 있는 일을 하나씩이라도 늘려가며, 다른 사람에게 도움이 되는 삶을 산다는 것은 행복한 일이다. 신뢰, 뜻, 밝음에 사람들이 모인다. 누구와 함께 있는가? 어떤 삶을 살아가는가? 그 선택은 오직 자신만이 할 수 있다.

분노와 불만의 괴로움

신뢰와 뜻과 밝음 주위로 모이는 사람들

수행 중인 나를 걱정하고 있을 가족의 마음을 생각하니, 그저 감사한 마음만이 차올랐다. 정신을 차려보니 불안은 이미 사라져 있었다.

인생의 재출발은 친절과 감사로 시작한다. 고된 수행이 마침내 끝을 맞이했다. 손을 입가에 가져가자 무언가 붙어 있는 느낌이 들었다. 수염이었다. 일주일 동안 거울을 보지도 못했다.

배꼽 주위가 까슬까슬해서 보니, 흰 가루가 일어나 있었다. 긴장한 탓인지, 많이 먹지 못한 탓인지, 변도 보지 못했다. 한번 인간 세상을 떠나, 바닥에서 다시 시작한 나는 다시 인간 세상으로 돌아왔다. 이 수행을 통해 인생과 인간관계의 축소판을 경험할 수 있었다. 아무리 힘든 일이더라도, 모든 것은 나 자신을 성장시키기 위해 존재한다. 사람들과의 관계에서는 오직 친절과 감사만이 필요하다.

"나는 죽었다….
그리고, 다시 태어났다.
감사와 함께."

감사를 통한 깨달음 

일이든 인간관계든 언제나 불안이 앞서기 마련이다. 불안한 감정은 내가 만들어내는 것이다. 불안해한다고 해결되는 것은 아무것도 없다. 불안감이 차오를 때는 상대의 시선으로 상황을 다시 바라보는 것이 좋다. 누군가를 위해서 한다는 마음가짐을 가지면 놀라울 정도로 큰 힘이 솟아나고, 불안을 감사로 바꿀 수 있다. 이 세상에는 혼자만의 힘보다 더 큰 무언가가 있다. 눈에 보이지 않기에 더 소중하고, 오직 감사로만 응답할 수 있다.

가족도 일도 없는 괴로움

↓

불안이 아닌 감사의 마음

✦ 1장 ✦

감사의 정체

감사를 정의하다

다시로 마사타카

감사 없이는 행복할 수도 없고 꿈을 이룰 수도 없다. 그동안 감사로 수많은 사람을 연결해온 나는 자신 있게 말할 수 있다. 잘 풀리는 사람은 언제나 감사할 줄 아는 사람이다. 늘 감사하며 살기 위해서는 평범한 일상부터 감사로 가득해야 한다. **우리의 삶은 드라마틱한 사건보다 매일 비슷한 일상으로 채워져 있기 때문이다.** 그러나 우리는 금세 익숙해진다. 큰 부자가 되어도 시간이 지나면 그 풍요로움은 당연한 것이 되고 만다. 반대로 경제적으로 넉넉하지 않아도, 매 순간 감사하며 행복하게 사는 사람도 있다. 내가 경험한 고수험도의 다시 태어나는 의식은 당연한 일상이 송두리째 사라진 날들이었다. 그 고행의 시간은 일상의 소중함을 깊이 깨닫게 해준 일종의 감사 수행이었다. 그리고 마침내는 고난조차 감사하는 마음으로 받아들일 수 있게 되었다.

행복의 기준이 점점 높아져 당연한 것이 되어버리면, 아무리 애써도 행복은 늘 닿지 않을 듯 멀게만 느껴진다. 자신의 행복이 무엇인지를 알고, 일상의 소중함을 자연스럽게 느낄 수 있는 것. **어떤 위기가 닥쳐도 감사할 수 있고 무슨 일이 일어나도 고맙다고 말할 수 있는 상태. 그것이 바로 감사하는 뇌다.**

이 책은 우리의 뇌를 감사하는 뇌로 함께 키워나가는 여정이다. 하지만 그 여정을 시작하기 전에 할 일이 있다. 당신은 다음 질문에 명확하게 답할 수 있는가?

"애초에, 감사란 무엇일까?"

먼저 단어들의 의미를 확인해보자.

감사의 어원

✦

우리가 쓰는 말에는 깊은 뜻이 깃들어 있다. 단어의 어원이나 한자의 짜임을 알면, **그 말에 담긴 본래의 의미가 되살아나면서 비로소 말에 진심이 스며든다.** '감사'도 마찬가지다. 그 속뜻을 이해하고 나면, 입 밖으로 낼 때마다 훨씬 더 깊은 마음이 실린다.

먼저 '감感'이라는 글자를 살펴보자. 한문학자 시라카와 시즈카 박사에 따르면, '감' 속에 있는 '입 구口'는 단순한 신체 기관이 아니라 신에게 바치는 기도의 말을 담는 그릇을 뜻한다. 그 옆의 '도끼 월戉'은 도끼나 큰 도구를 뜻하며, 고대 제례에서 쓰이던 의식용 도구였다. 도끼가 그릇을 지켜주는 모습으로 해석되며, 그 아래에 놓인 '마음 심心'은 신의 마음, 즉 신의 뜻을 상징한다. 즉, '감'은 '우리 마음 깊은 곳에 깃든 신성을 신의 뜻이 지지하고 있다'라는 의미로 해석할 수 있다.

'사謝'도 흥미롭다. '말씀 언言'과 '쏠 사射'로 이루어진 이 글자는 활시위를 바짝 당겼다가 순간적으로 풀어내는 동작을 담고 있다. 즉, 긴장된 상태를 완화한다는 의미다. 또한 '사'에는 예의, 사과, 고마움 같은 뜻이 함께 담겨 있다.

정리하자면, '감사感謝'란 "고맙습니다"나 "미안합니다"라는 말을 통해 긴장을 완화하고 상대 안에 존재하는 신의 마음까지 움직이는, 감동을 일으키는 행위다. 자, 평소 무심코 내뱉던 "감사합니다"라는 말이 이제는 훨씬 묵직하게 다가오지 않는가?

'고맙다'의 어원

✦

감사와 늘 함께 다니는 말이 있다. 바로 "고맙다"다. 일본어로는 "아리가토ありがとう"라고 한다. 이 말은 '아리가타시有り難し(있기 어렵다)'에서 비롯되었는데, '있을 수 없는 일이 일어났다'라는 뜻을 담고 있다. 아리가토는 원래 사람이 아니라 자연이나 신불神佛에게 쓰는 말이었다. 14세기 이후 무로마치 시대에 들어서면서 사람에게도 쓰이기 시작했고, 17세기 에도 시대에는 "아리가토고자이마스ありがとうございます(고맙습니다)"라는 표현이 보편화되었다. 오늘날 우리가 쓰는 짧은 "아리가토"는 오랜 시간을 거쳐 다듬어진 말이다.

감사와 '고맙다'

✦

정리하자면 감사는 마음을 움직이는 행위 자체를 뜻하고, "고맙다"는 그 마음을 전하는 구체적인 언어를 말한다. 여기서 중요한 점이 하나 있다. 모든 말이 다 진정한 감사가 되는 것은 아니라는 사실이다. **감사의 말은 반드시 감사하는 마음, 즉 '염念'에서 비롯되어야 한다.** 글자 '생각 염'은 지금今의 마음心을 뜻한다. 지금 내 앞에 있는 사람을 소중히 여기고, 지금 일어나고 있는 일을 귀하게 여기는 것. 그 마음을 쌓아가는 과정이야말로 진심을 담는 일이며, 그 흐름 속에서 자연스럽게 감사의 마음이 드러난다.

지은 감사와 보은 감사

✦

누군가가 나를 위해 무언가를 해줬다면, 그 사람에게는 반드시 감사의 마음을 전해야 한다. 그러기 위해서는 먼저 **내가 받은 은혜를 자각해야 한다.** 이를 '지은감사知恩感謝'라고 한다. 그런 다음, **나 또한 누군가에게 은혜를 베풀어야겠다는 마음을 가**

져야 한다. 이것을 '보은감사報恩感謝'라고 한다.

우리는 은혜를 깨닫고 베푸는 과정을 통해 은혜의 순환을 만들어낸다. 이 순환은 돌고 돌며 우리 자신을 더 깊은 행복으로 이끌어준다. 일본어에서 행복을 뜻하는 시아와세しあわせ는 지금은 幸せ라고 쓰지만, 옛날에는 仕合せ라고 썼다고 한다. 여기서 '섬길 사仕'는 귀한 상대를 정성껏 섬긴다는 뜻을 지니며, 仕合せ란 곧 사람이 서로 섬기고 도우며 함께 기뻐하는 것을 의미한다. '고맙다고 말하자. 고맙다는 말을 듣자'라는 생각으로 행동해보자. **서로 섬김을 주고받는 것이야말로 행복의 본질이다.**

감사를 느끼기 위한 심리학적 조건 4가지

✦

우리는 언제 감사하다는 마음을 느낄까? 심리학에서는 네 가지 조건이 갖춰질 때 비로소 감사의 감정이 피어난다고 말한다.

① 은혜의 인식

내가 받은 좋은 일, 즉 은혜가 다른 사람이나 자연 같은 외부로부터 주어졌음을 깨닫는다.

예시: 친구에게 선물이나 정보를 받아 기쁘다.

② 은혜의 가치 인식

내가 얻거나 누리고 있는 은혜가 얼마나 소중한지, 은혜의 가치를 인식하고 높게 평가한다.

예시: 선물이나 정보의 가치를 알게 되면서 자연스럽게 감사하는 마음이 솟아난다.

③ 은혜의 호의 인식

은혜를 베푼 사람의 따뜻한 마음을 느낀다.

예시: 선물이나 정보를 준 친구가 정말로 나를 생각한다는 것이 느껴진다. 친구가 바쁜 시간을 내주었다거나 내가 필요하거나 좋아하는 것을 기억하고 챙겨줬다는 점에서, 친구의 호의에

감사를 느낀다.

④ 대가 불필요 인식

그 호의가 의무감이나 대가를 바라는 마음에서 비롯된 것이 아님을 느낀다.

예시: 친구가 준 선물이나 정보가 무언가를 기대하거나 의무감에서 비롯된 것이 아님을 인식한다. 오직 나를 위해 호의를 베풀었다는 생각이 드는 순간, 그 마음에 깊이 감사하게 된다.

눈치 빠른 독자는 이미 알아챘겠지만, 이 네 가지 조건은 크게 두 갈래로 나눌 수 있다. **은혜의 인식과 은혜의 가치 인식은 받은 물건이나 정보가 감사의 대상이 된다. 은혜의 호의 인식과 대가 불필요의 인식은 그것을 준 사람이 감사의 대상이 된다.** 즉, 물건의 가치뿐만 아니라 그것을 준 사람의 따뜻한 마음을 헤아리는 것은 고마운 마음을 느끼는 데 꼭 필요한 요소다. 이런 심리적 경험이 쌓이면서 감사하는 뇌가 만들어지는 것이다.

진정한 감사는 물건의 가치만으로 완성되지 않는다. 그것을 전해준 사람의 마음까지 함께 이해해야 비로소 "정말 고맙다"

하는 감정이 생겨난다. 그런 경험이 하나둘 쌓일수록 우리는 점점 더 감사하는 뇌에 가까워진다.

고마움의 유래가 된 부처님 이야기

✦

맹귀부목盲龜浮木이라는 불교 이야기가 있다. 어느 날 부처님이 제자에게 물었다.

"인간으로 태어난 것에 대해 어떻게 생각하느냐?"

제자가 대답했다.

"매우 기쁘게 생각합니다."

그러자 부처님이 다시 물었다.

"그렇다면 얼마나 기쁜가?"

제자는 선뜻 답하지 못했다. 그러자 부처님은 비유를 들어 설명했다.

"끝없이 펼쳐진 바다 밑바닥에 눈먼 거북이 한 마리가 살고 있다. 이 거북이는 백 년에 한 번, 숨을 쉬기 위해 수면 위로 올라온다. 그런데 그 망망대해에 통나무 하나가 떠다닌다. 그 나무 한가운데에는 작은 구멍이 하나 뚫려 있다. 통나무는 바람에 밀리고 파도에 흔들리며 서쪽으로, 북쪽으로 광활한 바다를 떠다닌다. 이제 묻겠다. 백 년에 한 번 올라오는 그 눈먼 거북이가, 우연히 그 순간 통나무 구멍에 쏙 하고 머리를 집어넣을 수 있겠느냐?"

제자가 대답했다.

"그런 일은 도저히 생각할 수 없습니다."

부처님이 다시 물었다.

"절대로 없다고 단정할 수 있느냐?"

제자가 곰곰이 생각한 후 말했다.

"1억 년, 1조 년의 시간 속에서는 혹시 한 번쯤은 일어날지도 모르겠습니다. 하지만 거의 불가능에 가까운, 있기 어려운(有り難い) 일이라고 생각합니다."

그러자 부처님은 이렇게 대답했다.

"우리가 인간으로 태어나는 것은, 그 거북이가 통나무 구멍에 머리를 집어넣는 것보다 훨씬 어려운 일이다. 그러니 참으로 고마운(有り難い) 일이다."

이 이야기는 일본어의 "아리가토ありがとう(고맙다)"라는 말의 유래가 되었다고 전해진다.

이제 시야를 넓혀 우주로 눈을 돌려보자. 광활한 우주에는 셀 수 없이 많은 은하가 흩어져 있다. 그중 하나가 우리가 속한 은하수 은하다. 그리고 지구는 그 은하의 끝자락에 위치한 태양계 안에 있다. 그 크기는 상상조차 하기 어려울 정도다. 일본의 우주 비행사 노구치 소이치는 이를 이렇게 설명했다.

"만약 일본에서 가장 넓은 평야인 간토평야 전체가 은하계라면, 태양계는 그 평야 어딘가에 있는 지름 2미터 남짓한 씨름판에 불과합니다. 그리고 지구는 그 위에 놓인 0.5밀리미터 샤프심 굵기만 하지요."

이 광활한 우주에서 지구 위의 인간으로 태어났다는 사실은 그야말로 기적 중의 기적이다. 있기 어려운, 즉 고마운 일이다. 특정 나라에서 태어나 수많은 인연을 맺으며 살아가는 것 또한 마찬가지다. 우리는 얼마나 많은 기적 속에서 생명을 유지하며 살아가고 있는가. 어쩐지 마음 깊은 곳에서 감사함이 차오르지 않는가?

감사는 매 순간의 선택이다

✦

"고맙습니다"를 억지로 말하는 것이 아니라, 자연스럽게 감사하는 마음을 가지고 살아가는 사람이 있다. 마더 테레사가 한 유명한 말이 있다. "고마움의 반대말은 당연함이다."

우리가 너무나 당연하게 여기는 것들—가족, 건강, 숨 쉬는 일상—은 잃고 나서야 결코 당연하지 않았음을 깨닫는다. 잠에 들 수 있는 것, 아침에 눈을 뜰 수 있는 것, 시원하게 세수할 수 있는 것, 맛있는 밥을 먹을 수 있는 것, 걸어다닐 길이 있다는 것, 한순간도 쉬지 않고 일하는 심장을 비롯한 신체 장기와 오감, 대가를 바라지 않고 언제나 우리를 비추는 태양과 달. 이 모든 것이 다 고마운 일이다. 이런 소소한 순간들을 당연시하지 않고 감사한 마음으로 받아들이는 사람은 행운아다. 그런 태도로 살아가면 언뜻 불운해 보이는 일에서도 감사할 점에 초점을 맞추고 긍정적으로 살아갈 수 있다.

미래는 지금 이 순간의 연장선에 있다. 그러니 오늘, 지금 이 자리에서 감사하며 살아간다면 미래도 감사와 행복으로 채워질 것이다. 매 순간 "무슨 일이 일어나든 고맙다", "무슨 일이 있어도 고맙다"라고 반응하는 것이 미래의 행복을 결정짓는 열쇠다. 감사는 결과에 대한 반응이 아니라, **매 순간의 선택**이다. 굳이 "고맙습니다" 하고 소리 내어 말하지 않아도 된다. **일상적인 모든 일에 감사의 시선을 보내는 사람이야말로 감사하는 뇌를**

가진 사람이다.

지금까지 감사를 정의하기 위해 어원, 유래, 심리학적 조건을 살펴보고, 이 책에서 소개하는 감사가 어떤 것인지 이야기해보았다. 이제 감사하는 뇌로 가는 계단에 발을 올려놓을 준비를 마쳤다. 매 순간 떠오르는 감사의 이미지를 마음속에 소중히 간직하며 다음 장으로 나아가보자.

감사가 많은 사람의 3가지 특징

가바사와 시온

주변을 살펴보면 늘 "고맙다"라는 말을 자연스럽게 하고, 감사하는 마음이 충만한 채로 살아가는 사람들이 있다. 나는 이들을 감사가 많은 사람이라 부른다. 그들에게는 세 가지 특징이 있었다.

- 명랑하고 웃음이 많아 분위기를 환하게 만든다.
- 사람들과 잘 어울리고, 늘 주변에 사람이 모인다.
- 에너지가 넘치고 활동적이다.

주변에서 본 감사가 많은 사람을 떠올려보자. 아마 대부분이 세 가지 특징을 가지고 있을 것이다. 감사의 말을 습관처럼 하는 사람 중에 우울해하고 혼자 지내며 활기가 없는 사람은 한 번도 본 적이 없다. 정신과 의사이자 뇌과학을 연구해온 내 경험으로 볼 때, 감사가 많은 사람은 대체로 밝고 사람들과 잘 어울리며 활동적이다. **그들이 행복해 보이는 것은 단순히 기분이나 성격 때문이 아니라, 공통된 뇌의 상태가 있기 때문이라고 생각한다.**

무슨 일이 일어나도 "고맙다"라고 말할 수 있는 사람의 뇌 상태, 즉 감사하는 뇌 안에서는 어떤 일이 일어나고 있을까? 지금부터 그 비밀을 하나씩 풀어가려고 한다. 나아가 감사하는 뇌에 이르는 길을 밝혀보려고 한다.

"감사하면 인간관계가 좋아진다", "감사하면 일이 잘 풀린다", "감사하면 모든 일이 잘된다". 자기계발서나 영성 서적을 읽으면 빠지지 않고 나오는 문장들이다. 그러나 많은 이가 속으로는 이렇게 묻는다. "정말 그럴까?" 반신반의하는 마음 때문에 돈도 시간도 거의 들지 않는 감사를 행동으로 옮기지 못하는 사람이 꽤 많다. 요즘 서점에 가면 비즈니스나 건강 서적 코너에서 이런 문구를 흔하게 볼 수 있다.

"하버드대학교의 연구에 따르면…."

과학적 근거를 앞세운 책이라는 뜻이다. 나 역시 『아웃풋 트레이닝』이라는 비즈니스 서적을 집필하면서 여러 근거를 꼼꼼하게 담아낸 적이 있다. 그 책이 베스트셀러가 된 이후, 확실한 근거를 제시하는 실용서가 주류로 자리 잡았다. 이 책에서도 감사에는 과학적으로 신뢰할 만한 효과가 있다는 근거를 제시하고자 한다. 다만, 이 과정에서 연구와 논문에 기초한 다소 낯선 전문 용어들이 등장할 수 있다. 그래서 미리 몇 가지를 정리해두겠다.

감사하는 마음이란 감사하는 생각을 품는 것이다. 심리 실험에서는 설문지나 문진을 통해 현재의 감사 수준을 수치로 평가한다. 감사 표현은 감사한 마음을 쓰거나 말하는 식으로 표현하는 것이다. 예를 들어 노트에 감사하는 마음을 기록하거나, 가족이나 친구에게 감사 편지를 쓰거나, "고마워"라고 소리 내어 말하는 등 감사하는 마음을 상대에게 전하는 것을 뜻한다. '감사 개입'은 연구 참여자에게 "감사 일기를 4주 동안 써 주세요" 또는 "하루에 한 번 고맙다고 말해주세요"와 같은 구체적인 과제를 부여하는 것을 말한다. 이를 통해 행동이나 행복도가 얼마나 달라지는지 연구한다.

이 책에서 나는 철저히 믿을 만한 근거만을 기반으로 탐구한다. 감사에 관한 에피소드나 실천 과제에 머무르지 않고, 그것을 뒷받침하는 감사의 과학을 이해할 때 독자는 더욱 확실하게 감사의 효과를 체감할 수 있을 것이다.

✦ 2장 ✦

감사의 놀라운 효과

감사는 기분에 달려 있다

다시로 마사타카

2장에서는 감사의 과학적 효과와 사례를 소개한다. 그 전에 간단한 퀴즈로 워밍업을 해보자. 보통 우리는 좋은 일이 있을 때 "고맙습니다"라고 말한다. 뒤집어 생각해보면, 좋은 일이 없으면 고맙다고 말하지 않는다는 뜻이기도 하다. 감사는 많으면 많을수록 좋다. 그렇다면 고맙다고 말하는 순간을 늘리려면 어떻게 해야 할까?

감사의 마음이 생겨나는 마법의 질문

✦

“오늘 감사했던 일 세 가지를 든다면?”이라는 질문에 바로 대답할 수 있는가? 읽는 것을 잠시 멈추고, 시간이 걸려도 괜찮으니 한번 생각해보자. 어떤가? 대답이 바로 떠올랐는가? 그렇다면 당신은 아주 특별한 사람이다. 훌륭하다! 물론 바로 떠오르지 않았어도 괜찮다. 이 글을 읽고 나면 쉽게 떠올릴 수 있을 테니까 말이다.

방금 질문을 받은 사람들 중 대부분은 오늘 일어난 일들을 먼저 떠올렸을 것이다. 만약 하루 중 인상 깊었던 일이 딱히 없었다면 대답하기 어려울 수 있다. 사실 세 가지나 꼽으라고 하면 다들 어려워한다. 그럼 질문을 바꿔보자. “평소 당연하게 여기는 것들 중에서, 고마운 일을 세 가지 들어보자.” 이번에는 어떤가? 훨씬 답하기 쉬워졌을 것이다. 평소 당연하게 여기던 것에 초점을 맞추면 세 가지를 훌쩍 넘어 셀 수 없을 만큼 많은 고마움이 나올 것이다. 일상에 고마울 만한 일이 넘쳐난다는 것을 깨닫는 순간, 특별히 좋은 일이 일어나지 않아도 감사할 수 있게 된다.

그럼 이제 다시 처음 질문으로 돌아가보자. “오늘 감사했던 일 세 가지를 든다면?” 이번에는 쉽게 떠오를 것이다. 감사한 일상이 얼마나 당연하게 여겨지고 있었는지 실감하는 동시에 “이렇게 감사할 일이 많다니!” 하고 놀랄지도 모른다. 일상에서 감사할 일이 많은 사람과 적은 사람 중, 과연 누가 더 행복할까? 당연히 많은 사람이 더 행복할 것이다. 외부에서 발생하는 일 대신 평소 당연하게 여기던 것, 이미 존재하는 것에 초점을 맞추면 일상에 감사가 넘쳐흐르게 된다. 밖에서 찾아오는 좋은 일과 상관없이 늘 감사할 수 있는 것이다. 행복한 인생은 쫓아가는 게 아니라 지금 이 순간 깨닫는 것이다.

일상에서 마주하는 당연한 것에 감사할 수 있게 되면, 커피 한잔을 마시는 것만으로도 “맛있는 커피를 음미할 수 있다니, 참 감사하다” 하고 눈물을 흘릴 때가 생길 것이다. 이것이야말로 진심으로 감사하는 상태다. 원래 감사는 의식적으로 하는 것이 아니라, 마음 깊은 곳에서 자연스럽게 우러나오는 것이다. 지금부터 그 상태를 유지할 수 있는 감사하는 뇌를 만들어보자.

왜 여행 중에는 유독 운이 좋을까?

✦

이어서 감사의 효과를 극대화하는 비결을 알려주겠다. **바로 기분 좋게 지내는 것이다.** 기분이 좋지 않을 때는 감사하는 마음이 생기지 않는다. 항상 기분 좋게 지내기로 다짐하고, 마음을 평온하게 유지하는 것이 일상 속 감사의 근원이 된다.

"운과 기분은 비례한다"라는 말이 어떻게 느껴지는가? 잠시 여행을 떠나는 장면을 상상해보자. 다들 여행 중에 운이 좋다고 느낀 적이 많지 않은가? 그 이유는 여행 중에는 대부분 기분이 좋기 때문이다. 새로운 곳을 탐험하고 맛있는 음식을 먹고 여러 사람을 만나는 등 여행은 우리를 행복하게 만든다. 그리고 그 행복한 기분이 운을 불러오는 것이다.

게다가 여행 중에는 고맙다고 말할 일이 많다. 비행기 승무원에게, 식당의 웨이터나 요리사에게, 기념품 가게의 점원에게, 여행지에서 만난 친절한 사람들에게, 호텔 직원에게 등 여행 중에는 "고맙습니다"라는 말을 수없이 하게 된다. 기분 좋게 감사하는 순간, 우리는 자연스럽게 운을 끌어당긴다. "나는 늘 운이 좋아!"라고 말하는 사람을 관찰한 적이 있다. 그 사람은 언제 어디서나 "고맙습니다"라고 말하곤 했다. 어느 날 멋진 레스토

랑에서 식사를 하던 중 음식에 머리카락이 들어가 있는 것을 발견했다. 직원을 부르려나 하고 지켜보았더니, 그 사람은 조용히 머리카락을 치우고 아무 일도 없었다는 듯 행동했다. 신경이 쓰여서 "직원을 부를까요?"라고 물었더니, "아니요, 부르지 않아도 돼요. 우연히 들어간 거잖아요?"라며 웃었다. 확실히 일부러 넣은 것은 아니었고, 음식도 맛있었다. 그는 식당을 나가면서 직원과 주방에 있는 요리사에게 "잘 먹었습니다. 맛있었어요"라며 인사를 했다. **운이 좋은 사람은 상대의 기분도 좋게 하면서, 자신도 기분 좋게 지낸다.** 자신의 기분을 좋게 만들수록 감사의 혜택을 더 많이 누릴 수 있다.

감사가 몸과 마음에 미치는 과학적 효과

가바사와 시온

감사가 우리에게 주는 효과는 크게 네 가지로, 이를 **감사의 4대 효과**라고 한다. 마음의 건강, 몸의 건강, 업무 능력 향상이라는 개인적인 효과와 더불어, 팀이나 회사 등 조직을 긍정적인 방향으로 변화시키는 효과도 얻을 수 있다. 그중 마음의 건강과 몸의 건강에 대해 먼저 살펴보자.

첫 번째 효과 - 마음의 건강

✦

① 수면 개선

건강을 지키는 비결에는 무엇이 있을까? 그것은 바로 수면, 운동, 아침 산책이다! 내가 책과 유튜브에서 귀에 못이 박히도록 말하는 내용이다. 그중에서도 단연 으뜸은 수면이다. 감사하는 마음은 깊이, 시간, 잠드는 과정 등 수면의 질을 전반적으로 끌어올린다.[1]

영국 맨체스터대학교에서 401명을 대상으로 한 연구에 따르면, **감사하는 마음이 강한 사람일수록 푹 잤다는 주관적 만족도가 높고, 잠드는 시간이 짧으며, 수면 시간이 길고, 낮 동안 덜 졸리고 활력이 유지되는 것**으로 나타났다. 잠들기 전에 떠올린 감사 덕분에 긍정적인 생각이 늘어나고 부정적인 생각이 줄어드는 것도 관찰되었다. 불안이나 걱정 같은 부정적인 감정이 강해지면 잠드는 데 어려움을 겪는다. 불안이 강하면 뇌가 과도하게 흥분해 교감신경이 활성화되기 때문이다. 반대로 감사하는 마음은 수면을 방해하는 부정적 사고를 줄여주고 긴장을 완화시켜 수면을 돕는다.[2]

비슷한 결과는 영국 런던대학교 연구에서도 확인되었다. 단

감사의 4대 효과

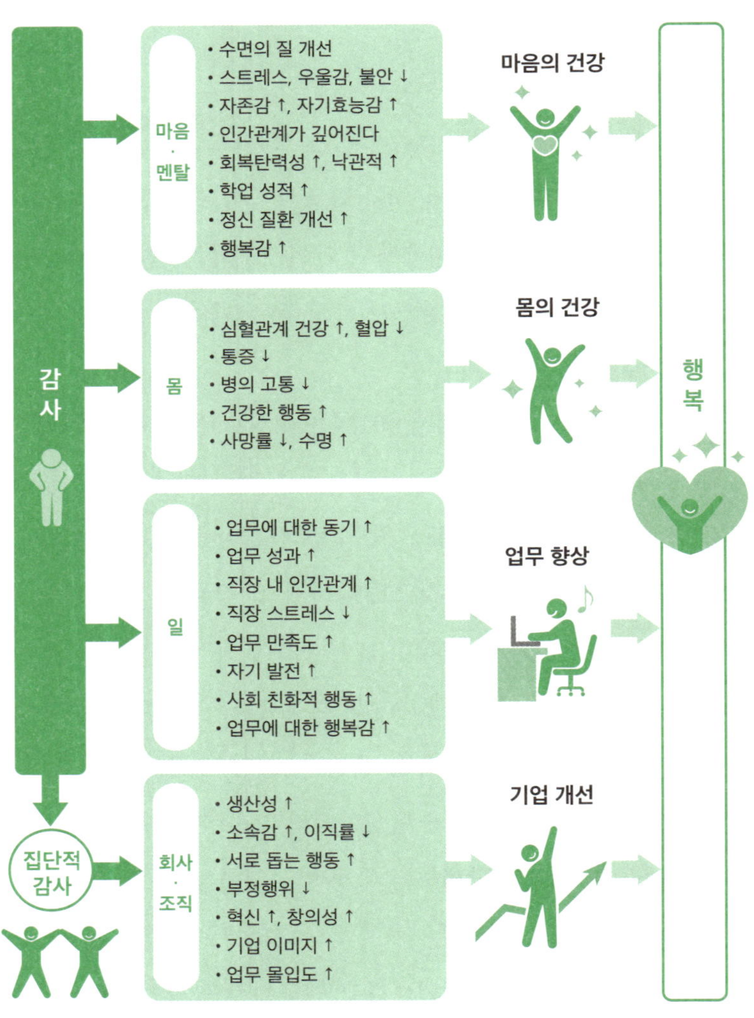

감사
마음·멘탈
• 수면의 질 개선
• 스트레스, 우울감, 불안 ↓
• 자존감 ↑, 자기효능감 ↑
• 인간관계가 깊어진다
• 회복탄력성 ↑, 낙관적 ↑
• 학업 성적 ↑
• 정신 질환 개선 ↑
• 행복감 ↑
마음의 건강
몸
• 심혈관계 건강 ↑, 혈압 ↓
• 통증 ↓
• 병의 고통 ↓
• 건강한 행동 ↑
• 사망률 ↓, 수명 ↑
몸의 건강
일
• 업무에 대한 동기 ↑
• 업무 성과 ↑
• 직장 내 인간관계 ↑
• 직장 스트레스 ↓
• 업무 만족도 ↑
• 자기 발전 ↑
• 사회 친화적 행동 ↑
• 업무에 대한 행복감 ↑
업무 향상
집단적 감사
회사·조직
• 생산성 ↑
• 소속감 ↑, 이직률 ↓
• 서로 돕는 행동 ↑
• 부정행위 ↓
• 혁신 ↑, 창의성 ↑
• 기업 이미지 ↑
• 업무 몰입도 ↑
기업 개선
행복

2주 동안 감사 일기를 쓴 것만으로도 긍정적 감정이 늘고 수면의 질이 개선되었다.[3] 연구 기간 동안 하루 한 번, 감사와 관련된 과제를 실천하고 기록하게 했다. 감사 저널링(생각이나 감정을 글로 쓰는 것)을 일주일간 실천한 결과, 수면의 질이 개선되었을 뿐만 아니라 타인에게 너그러워지고, 삶의 만족도가 높아졌으며, 실제로 자신이 겪고 있는 문제를 해결할 수 있었다.[4] 단 한두 주 동안 감사를 실천하고 기록하는 작은 습관만으로도 수면의 질이 개선되는 것이다.

질 좋은 수면을 충분히 취하는 것은 당연히 정신 질환과 신체 질환의 예방과 회복에 큰 도움이 된다. 여기서는 수면을 마음의 건강으로 분류했지만, 수면을 개선하면 몸의 건강도 얻을 수 있다.

② 스트레스, 우울, 불안 완화

홍콩교육대학교에서 의료 종사자 102명을 대상으로 연구를 진행했다. 그 결과, 감사 일기를 주 2회, 4주간 쓴 사람들의 스트레스와 우울 증상이 완화된 것으로 나타났다.[5] 아일랜드코크대학교에서 여성 65명을 대상으로 진행한 연구에서는, 감사 개입(감사 일기와 감사 되돌아보기)을 3주간 실시한 결과, 스트레스와 우울 증상이 개선되었고 행복감도 높아졌다.[6] 두 연구 모두 무작위 대조 시험Randomized Controlled Trial이라는 신뢰도 높은 실험 방법으로 진행되었다. 이는 감사 일기를 3~4주 정도 쓰는 것만으로도 스트레스, 우울, 불안이 줄어든다는 사실을 뒷받침하는 강력한 근거가 된다.

③ 자존감과 자기효능감 증진

감사하면 자존감, 자기효능감, 행복감 같은 긍정적인 감정이 높아진다. 먼저 자존감은 자기 자신을 있는 그대로 받아들이고 긍정할 수 있는 감각이다. 자존감이 낮으면 늘 남과 자신을 비교하며 우울해하고, 사소한 일에도 쉽게 열등감을 느끼며, 곧잘 "나는 안 돼!" 하는 자기 비하에 빠진다. 결과적으로 부정적인 감정에 휘둘리기 쉽고 행복과는 거리가 먼 사람이 된다. 여기서 감사가 중요한 역할을 한다. **감사의 정도가 깊은 사람일수록 자존감이 높은 경향**이 있다.[7]

또, 감사 개입을 통해 자존감을 높일 수도 있다. 감사 덕분에 행복감이 높아지는 것은 자존감이 그 사이에서 매개 역할을 하기 때문이다.[8] 즉, **감사 → 자존감 향상 → 행복감 향상**이라는 흐름이다. 감사 일기를 쓰다 보면 자연스럽게 자기 자신과 마주하게 된다. 그 과정에서 자기 성찰 능력이 자라나고, 자신의 성격과 행동 속에서 긍정적인 면을 발견하게 된다. 이는 곧 자존감 향상으로 이어진다. 또 누군가에게 감사를 받는 경험은 "나는 가치 있는 존재구나"라는 인식을 강화해준다.

감사 표현이 자기효능감을 높여준다는 사실도 밝혀졌다.[9] 자기효능감은 "나는 할 수 있다", "나는 극복할 수 있다" 같이 자신의 능력과 가능성을 믿는 힘이다. 자기효능감이 낮으면 "실패하면 어쩌지"라는 두려움이 앞서 새로운 일에 도전하지 못한다. 하지만 누군가에게 "고맙다"라는 말을 듣거나 감사 표현을 받으면 자기효능감이 올라간다. 그것이 "다시 한번 해보자"라는 행동 의지를 불러일으킨다. "나는 할 수 있다. 지금의 나로 충분하다!" 같은 감각이 **당신의 긍정적 행동을 이끌고 인생을 더 행복한 방향으로 인도**한다.

④ 인간관계 개선

감사 표현은 새로운 인간관계를 형성하는 데 도움을 준다. 감사를 표현하면 상대방은 따뜻함이나 배려심을 느끼게 된다. 처음 만난 사람과도 관계를 형성하기 쉽고, 사회적 유대감을 강화할 수 있다.[10] 고맙다는 말을 듣거나 감사함을 받고 있다고 느낀 사람은 자신에게 감사하는 사람과의 관계를 더욱 돈독히 하려는 행동을 한다.[11] 더 친해지고 싶다고 생각하기 때문이다.

감사하는 마음은 부모 자식 관계를 비롯한 가족의 행복도 키워준다. 부모가 아이에게 감사하는 마음을 보여주는 것만으로도 가족 관계가 개선되고, 부모의 행복도가 상승한다.[12] 연인 사이의 감사하는 마음은 관계를 유지하고 서로를 지지하는 관계성을 촉진하며, 교류를 늘리고 헌신적인 관계로 이어진다. **감사의 마음을 가지면 너그러워지고 외로움이 줄어든다. 외향성이 향상되고 타인을 돕는 행동도 늘어난다. 이 외에도 인간관계가 개선된다는 효과가 보고되었다.**

⑤ 회복탄력성 강화

회복탄력성이란 마음의 회복력, 또는 마음의 유연성을 뜻한다. 회복탄력성이 높으면 충격적인 일을 경험해도 그것에 연연하지 않고 금방 회복할 수 있다. 직장 상사나 친구에게 심한 말을 들어도 흘려보낼 수 있다. 스트레스를 그대로 받지 않고 털어버리기 때문에 금방 회복된다. 마음의 유연성이 있으면 일희일비하며 낙심할 일이 줄고, 정신적으로 힘든 일도 없어질 것이다. 나는 저서 『학교에서는 가르치지 않는 7가지 무기』에서 회복탄력성을 두 번째 무기로 꼽았다. 성인이 되기 전에 반드시 갖춰야 할 아주 중요한 기술이다. 물론 어른이 되어서도 회복탄력성을 높이면 스트레스를 잘 풀어내며 살아갈 수 있다.

미국 조지아서던대학교의 연구에서, 대학생 48명이 긍정적인 경험을 한 뒤 감사 개입을 하자 긍정적인 감정이 오래 유지되었다. 회복탄력성과 자기효능감도 높아졌다[13]. 감사함으로써 긍정적인 경험을 떠올리고, 다시 한번 그때의 감정을 느낄 수 있다. 감사 일기 등에 기록하면 기억에 오래도록 남는 것은 물론이고, 결과적으로 회복탄력성을 높일 수 있다. **감사의 실천이 학습 시 집중력과 회복탄력성을 높이는 것**으로 나타났다. 또 감사가 낙관적인 사고를 강하게 한다는 연구도 다수 있다.[14] 낙관적인 사고는 회복탄력성을 구성하는 중요한 요소로 주목받고 있다. 낙관적으로 생각하는 사람은 눈앞에 놓인 스트레스를 심각하게 받아들이지 않는다. "괜찮아" 하고 가볍게 넘길 수 있다.

말레이시아 대학생 235명을 대상으로 한 연구에 따르면, 감사하는 마음이 회복탄력성, 학업 성적과 높은 상관관계가 있는 것으로 나타났다.[15] 감사하는 마음이 강한 사람일수록 회복탄력성이 높고 학업 성적도 좋았다.

⑥ 학업 성적 향상

감사 일기를 쓰면 학습 의욕도 올라간다. 일본의 대학생 84명에게 감사 일기를 2주간 쓰게 했더니, 학습 동기가 크게 올라갔고, 무기력이 개선되는 것을 확인했다. 감사 일기를 쓴 기간은 처음 2주뿐이었지만, 그 효과는 3개월 후에도 동일하게 유지되었다.[16] 감사하는 마음을 실천한 대학생들은 수업 중 더 높은 집중력을 보였고, 학습에 어려움이 생겼을 때도 끈기 있게 임하는 모습을 보였다.[17] 포기하지 않고 끈기 있게 버티는 것도 회복탄력성의 한 측면이며, 이는 학업에서도 발휘된다. 감사를 통해 학업 회복탄력성, 즉 학업에 대한 끈기가 높아지는 것이다.

감사하는 마음과 학업 성적의 상관관계에 대한 연구 결과는 많이 있다[18, 19]. 즉 감사하는 마음이 강할수록 성적이 좋다는 것이다. 감사로 성적이 오른다는 말을 선뜻 믿기 어려울 것이다. 그러나 앞서 말했듯이, 감사함으로써 긍정적인 감정이 커지고, 자기효능감이 강해지고, 동기가 올라가고, 끈기가 높아지므로 학업 성적이 오르는 건 당연한 결과다.

⑦ 정신 건강 개선

감사하면 긍정적인 감정이 늘어나고 스트레스가 줄어들며

우울과 불안 증상도 줄어든다. 그렇다면 감사는 정신 질환의 예방이나 치료에도 도움이 될까? 감사하는 성향이 강할수록, 우울증, 불안장애, PTSD(외상 후 스트레스 장애) 등 정신 질환의 발병 위험이 낮아지고, 심리적 회복탄력성이 높아진다는 사실이 밝혀졌다. 심각한 PTSD가 감사 덕분에 중간 수준까지 개선되었다는 보고도 있다.

한편, 우울증이나 불안 같은 정신 질환에서 감사 개입이 개선 효과를 보이긴 했지만, 그 효과가 미미하다는 보고도 있다.[20] 감사를 실천하는 것은 심리 치료의 보조적 개입으로만 유효하다는 것이다. 심리 상담을 진행하면서 보조적으로 감사 실천을 활용하면, 정신 건강을 개선하는 데 효과적이라는 것이 인정되고 있다.[21]

감사 일기만 쓰면 바로 증상이 개선된다는 식의 단순한 이야기가 아니다. 다만 부정적인 감정이 강한 정신 질환 환자에게 부정적인 감정을 줄이고 긍정적인 감정을 늘리는 것은 큰 의미가 있다. 또 회복탄력성을 높이는 것은 재발을 예방하는 데 도움이 된다. 감사 일기는 몇 분만 투자해도 쓸 수 있다. 건강한 마음을 가지고 싶다면 하루 빨리 시도해봤으면 한다.

⑧ 행복도 증대

감사 일기를 쓰거나, 감사 편지를 쓰는 등 감사 개입을 통해 행복도가 올라간다는 사실도 수많은 연구에서 확인되었다.[22, 23 24, 25] 인도네시아 학생 602명을 대상으로 한 연구에서는, 42.9%에 달하는 학생들이 감사로부터 긍정적 영향을 받았다고 답했다.[26] 감사 개입을 하면 긍정적인 감정이 커지고, 생활 만족도가 향상되며, 부정적인 감정과 우울 증상이 줄어든다. 이는 자연스럽게 전반적인 행복감을 끌어올린다.[27] 많은 연구에서 밝혀냈듯이, **감사가 마음의 건강에 도움이 된다는 것은 틀림없는 사실이다.**

두 번째 효과 - 신체 건강

✦

① 심혈관계 건강

이제 신체 건강과의 관련성을 살펴보겠다. 약간 어려운 용어가 나오지만, 끝까지 읽어주길 바란다. 감사는 신체 건강을 증진시킨다. 그중에서도 심혈관계 건강과 관련된 많은 근거가 있다. 구체적으로는 혈압을 낮추고, 스트레스 반응을 줄이며, 심장병 환자의 삶의 질을 향상시킨다.[28] 영국 런던대학교의 연구에 따르면, 2주 동안 감사 일기를 쓴 사람은 긍정적인 감정이 증가하고, 수면의 질이 개선되며, 이완기 혈압이 낮아졌다.[29] 또 다른 연구에서도 수면의 질이 개선될수록 혈압이 낮아지는 것을 확인했다.[30]

미국 남플로리다대학교가 감사와 심혈관계 건강 사이의 상관관계를 조사한 13개 연구를 분석한 적이 있다. 체계적 리뷰에 따르면, 감사하는 마음이 염증 수치를 개선하고, 건강에 좋은 행동을 늘리는 것으로 나타났다. 참고로 '체계적 리뷰'란 기존 임상 연구의 데이터를 전부 수집해 그 내용을 검토하고 분석하는 방법으로, 신뢰성 높은 근거가 될 수 있는 연구 방식이다. 연구자들은 감사하는 마음이 돈이 들지 않는 저비용 의료 개입이 될 수 있으며, 심혈관 질환을 앓는 환자의 건강 행동 개선과 질환 경과의 개선으로 이어진다고 말한다.[31]

또 중국 길림대학교가 19개 연구를 분석한 체계적 리뷰에 따르면, **감사하는 마음이 정신 건강에 좋은 행동을 촉진할 뿐만 아니라, 심혈관 기능과 자율신경계 활동에도 긍정적인 영향**을 미친다.[32] 감사를 많이 할수록 '건강에 좋은 일을 하자'라고 생각하기 쉬운 것이다. 이처럼 감사가 심혈관계 건강에 미치는 효과를 뒷받침하는 연구는 상당히 많이 나와 있으며, 충분히 신뢰할 만하다. 감사는 심장에 좋다!

② 통증 완화

감사는 만성적인 통증을 줄여준다. 뉴질랜드 오타고대학교의 연구에 따르면, 관절염 환자에게 온라인으로 감사와 마음챙김 행동을 실천하게 한 결과, 4주 후에 통증의 강도, 통증에 대한 불안, 움직임에 대한 두려움 등이 개선되었다.[33] 미국 앨라배마대학교의 연구에 따르면, 2주 동안 감사 일기를 쓴 이후 만성적인 무릎과 고관절 통증이 있던 노인의 건강 상태가 개선되고 동시에 행복감도 높아졌다.[34] 또, 감사 과제를 부여하자 타인을 돕는 행동이 증가했고, 이후 편도체 반응성(스트레스 반응으로 불안과 두려움을 일으키는 편도체의 반응) 저하와 염증 표지TNF-α(검사로 확인되는 수치) 감소가 관찰되었다.[35] 염증 표지가 감소했다는 것은 감사에 의한 통증 개선이 기분 탓이나 착각이 아니라, 염증을 억제하는 실제 생체 반응이라는 사실을 뒷받침하는 증거라고 할 수 있다. 감사는 통증 완화에 효과가 있다!

③ 질병의 고통 개선

말기 암처럼 치료가 어려운 질병의 경우, 환자가 희망이나 긍정적인 감정을 품게 하는 것은 심리 상담으로도 매우 어렵다. 하지만 그런 환자에게도 감사가 효과가 있다는 든든한 연구 결과가 있다. 말레이시아 말라야대학교의 연구에서는 진행성 암 환자 92명을 대상으로 마음챙김 감사 일기를 일주일 동안 쓰게 했다. 그 결과 고통 점수, 병원에 대한 불안, 우울 점수, 만성질환 치료의 종합 기능 평가가 크게 개선되었고, 행복감 점수도 올랐다. **단 일주일의 감사 일기가 진행성 암 환자의 고통을 줄이고, 삶의 질에 긍정적인 영향을 준 것이다.**[36]

말기 암처럼 희망을 품기 힘든 상황에서도 감사의 효과를 기대할 수 있다. 병의 고통을 완화하는 수단으로 더욱 널리 퍼져 갈 가능성이 있다. 감사는 병의 고통을 덜어준다!

④ 건강한 행동 증진

감사하는 마음을 표현하다 보면 "불량 식품은 그만 먹어야지" 같은 건강한 식습관이 촉진된다는 것이 밝혀졌다. 대학생을 대상으로 한 연구에서, 글쓰기 활동 후 감사한 마음을 표현한 학생들은 일주일 뒤에 건강한 식습관을 갖게 되었다.[37] 또,

고등학생을 대상으로 한 4주간의 감사 개입 연구에서도, 매주 감사 편지를 쓴 그룹은 쓰지 않은 그룹보다 건강한 식습관이 늘어났다. 이런 효과가 나타나는 이유는 부정적인 감정의 감소와 관련 있다.[38] 감사하는 마음을 표현하는 행동을 통해, 수면의 질이 개선되고 운동 빈도가 늘어나며, 심혈관계와 면역계가 강화된 것이다.[39]

감사를 표현하면 고양감이나 은혜를 느끼는 등의 복잡한 감정 경험이 생기고, 자기 자신을 개선하려는 의욕과 능력이 향상된다. 이는 자기 개선을 하고자 노력하게 만들고, 결과적으로 자존감이 높아진다.[40] 자존감이란 자신을 존중하고 소중히 여기는 감정이다. 자존감이 높아지면 '건강에 좋은 일을 해보자'라는 마음이 생겨나고, 실제로 자신의 식습관을 개선하거나 운동 빈도를 늘리게 된다. 감사는 건강해지고 싶은 마음을 강하게 해준다.

⑤ 사망률 감소, 수명 연장

2024년 7월, 미국 하버드대학교에서 최신 대규모 연구 결과를 발표했다. 간호사 4만 9,927명을 3년 동안 추적한 결과, 감사가 많은 그룹은 적은 그룹보다 사망률이 9% 낮았다. 사망 원인별로 사망률을 살펴본 결과, 모든 질환에서 예방 효과가 확인되었고, 특히 심혈관 질환에서는 사망률이 15%나 낮게 나타났다.[41] 이는 감사와 사망률의 관계를 조사한 최초의 연구다. **감사는 신체적 건강에 도움을 주고 사망률을 낮추며 수명을 늘려준다.** 놀라운 가능성이 기대되지 않는가?

감사가 바꾼
인간관계와 성과

다시로 마사타카

아이에게 "고맙습니다라고 해야지" 하고 말하는 부모를 본 적 있을 것이다. 평소에 부모가 "고맙습니다"라는 말을 자주 한다면, 아이가 자연스럽게 따라 하지 않을까? 어떤가, 살짝 뜨끔했는가? 배우자나 아이에게 고맙다는 말을 자주 하다 보면 가정에 큰 변화가 생긴다. 오늘부터라도 꼭 소리 내어 "고마워" 하고 말해보자. 갑자기 말하면 이상하게 생각할 수도 있으니 5장에 있는 "고마워"를 대신하는 말을 먼저 해봐도 좋다.

타인에게 감사하기가 더 쉽다

✦

지금까지 여러 사례를 통해 감사의 효과를 알아보았다. 이제 행동으로 옮길 시간이다. "고맙다"라는 말을 어떻게 시작하면 좋을까? 가족에게 말하기 어렵다면, 편의점 직원에게 먼저 "고맙습니다"라고 말해보자. 엘리베이터 문을 열어두고 기다려준 사람, 회사에서 사무 연락을 주고받은 사람에게도 고맙다고 말해보자. 친구, 애인, 가족 등 점차 자신과 가까운 사람으로 범위를 넓혀가며 익숙해지는 것도 좋은 방법이다.

'죄송합니다'를 '고맙습니다'로 바꿔 말하자

✦

평소에 "죄송합니다"라는 말을 자주 하는 사람이 있는가? 그런 사람은 발전할 여지가 아주 많다! **"죄송합니다"를 "고맙습니다"로 바꾸기만 해도 대화가 밝아지는 것**을 느낄 수 있을 것이다. "죄송합니다"를 입에 달고 다니던 한 친구가 있었다. "내일 모임 시간에 맞춰 늦지 않게 와주세요"라고 하면, "아, 네. 죄송합니다" 사진 찍을 때 "이쪽까지 들어와주세요"라고 하면, "아, 네. 죄송합니다", 특별히 잘못한 것도 없는데 늘 "죄송합니다"라고 대답했다. 주변에서 "왜 사과하는 거야? 고맙다고 바꿔 말하면 안 돼?"라고 말해도 "네, 죄송합니다"라고 대답할 정도였다. 이후에도 꾸준히 권유했더니 점차 "고맙다"라는 대답이 늘었고, 자신을 비하하는 말도 줄어들었다. 그렇게 대화가 점점 긍정적으로 변해갔다. "고맙다"라는 말을 차차 늘리거나, 감사를 표현하는 습관이 자리 잡으면, 인간관계는 더 좋은 방향으로 흘러간다. 자존감이 높아지고, 자신과 타인을 비교하는 일도 줄어든다.

'죄송합니다'를 '고맙습니다'로 바꾸는 효과

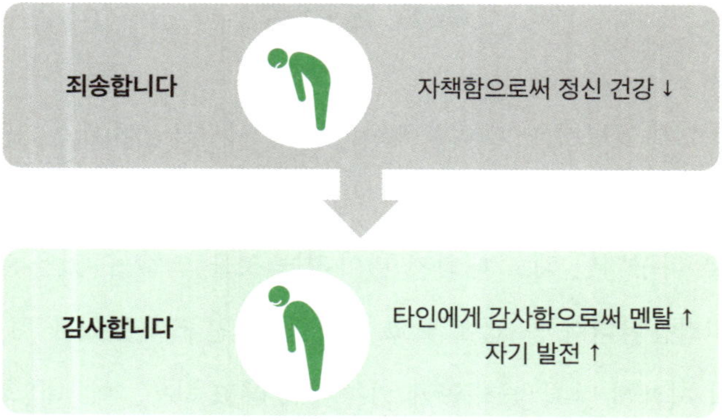

죄송합니다	자책함으로써 정신 건강 ↓
감사합니다	타인에게 감사함으로써 멘탈 ↑ 자기 발전 ↑

비즈니스에서 감사가 오고 가면

✦

감사의 힘은 나뿐만 아니라 상대에게도 좋은 영향을 끼친다. 긍정적인 감정을 지니면 자연스럽게 친절해지고, 다른 사람과 협력하게 된다. 업무를 함께하는 여러 인간관계 속에서 기쁨과 행복이 싹튼다. 그러다 보면 상대의 처지에서 생각하는 능력도 키울 수 있다. 직장에서 어려움을 겪는 동료가 보이면 주저 없이 도움을 주거나 협력하게 되는 것이다. 이런 태도는 거래처와 고객에게도 고스란히 전달되어 신뢰감을 높일 수 있다. 궁극적으로는 비즈니스 자체도 순조롭게 풀리게 된다.

직장에서 일을 할 때든 거래처나 고객을 대할 때든 당연하게 여겨지는 사소한 일에 고마운 마음을 전하는 것은 중요하다. **작은 감사 표현은 상대방에게 상호성의 원리를 일으켜, 상대 역시 당신을 기쁘게 해주고 싶다는 마음을 품게 한다.** 이렇게 감사를 주고받는 과정이 반복되면 강한 신뢰 관계와 행복감이 형성된다.

감사의 힘으로 성장하는 회사

✦

미국의 신발 온라인 쇼핑몰 회사 자포스Zappos를 아는가? 자포스는 기존의 위계적 조직에서 벗어나 상사가 없는 수평적이고 유연한 팀형 경영, 이른바 홀라크라시Holarcracy형 조직으로 주목받고 있다. 미국 잡지 『포춘』에서 선정한 일하기 좋은 100대 기업 상위권에 오를 만큼 직원들에게 사랑받는 회사이기도 하다. 자포스는 사실 감사를 바탕으로 성장한 기업이라고도 할 수 있다.

내가 가바사와 선생님과 함께 자포스를 방문했을 때 겪은 놀라운 일을 공유하고 싶다. 사무실에 들어가면 바로 보이는 자유로운 책상 배치에 가장 먼저 놀랐다. 의자 대신 러닝머신 위에서 뛰며 전화를 받는 사람이 있었다! 주위를 둘러보니 기타 같은 악기가 놓여 있기도 했고, 반려견이 있기도 했다. 정말 무엇이든 가능한 공간이었다. 직원의 개성을 존중하고 어떻게 하면 행복하게 일할 수 있는지를 끊임없이 고민한 결과일 것이다.

더 안쪽으로 들어가니 일본에서는 한 번도 본 적 없는 방이 있었다. 안을 들여다보니 명상실이었다. 그 외에도 상담실, 수면실, 트레이닝룸, 컴퓨터 수리실까지 있었다. 게다가 무료 구내식당도 운영하고 의료비도 회사가 전액 부담하는 등 최고 수준의 복지를 갖추고 있었다. 회사가 마음 관리와 신체 관리 모두를 책임지고 있다는 점에 놀라지 않을 수 없었다.

자포스에는 잘러Zollars라는 독특한 사내 화폐 제도가 있다. 직원들은 매달 동료에게 50달러 상당의 보너스를 줄 수 있는데, 기업 문화에 부합하는 좋은 행동을 한 사람에게 감사의 의미를 담아 보내는 것이다. 잘러는 자포스 오리지널 가방이나 머그잔 같은 다양한 물건으로 교환할 수 있다. 어떤 사람의 책상은 이런 오리지널 굿즈로 가득했다. 분명 앞장서서 다른 사람을 기쁘게 하는 사람의 책상이었을 것이다. 이 제도에 관해 직원에게 물어보니 이런 대답이 돌아왔다.

“이 사내 화폐 덕분에 좋은 일을 하는 사람, 그 좋은 일을 발견하고 인정하는 사람이 생겨납니다. 그것이 실제 사내 소통과 생산성 향상으로 이어집니다.”

실제로 콜센터 직원 한 명 한 명에게 팬 같은 고객이 있었고, 재구매율이 75%라는 경이로운 수치에 달했다. 이런 독자적인 시도를 인정받아, 2009년 자포스는 아마존에 12억 달러라는 파격적인 금액으로 인수되었다. 세간에서는 “아마존이 자포스에게 졌다”라는 평가가 돌기도 했다.

라쿠텐 그룹과 감사 프로젝트

✦

이렇게 감사를 시각화하는 제도는 일본 기업에서도 볼 수 있다. 라쿠텐 그룹에는 'Project ARIGATO'라는 감사 프로젝트가 있다. 직원들은 감사 메시지와 함께 사내용 포인트를 주고받을 수 있고, 포인트가 쌓이면 상품으로 교환할 수 있는 방식이다. 이 프로젝트를 통해 감사하는 마음을 표현하는 것이 받는 사람뿐 아니라 전하는 사람에게도 심리적으로 긍정적인 효과를 미친다는 사실이 입증되었다.

프로젝트는 승인, 깨달음, 촉발이라는 세 가지 효과를 만들어낸다. 감사를 받음으로써 얻는 '승인', 일상의 작은 친절을 알아차리는 '깨달음', 감사의 시각화를 통해 '나도 누군가에게 감사해보자'라는 마음이 생기는 '촉발'이 있다. 설문 조사 결과, 감사를 전하면서 "훌륭한 동료와 함께 일하고 있다고 느꼈다" 같은 긍정적인 감정을 얻었다고 응답한 비율이 93%였고, 감사를 받은 쪽에서도 "앞으로도 협력하고 싶다", "나도 다른 사람에게 감사를 전해야겠다" 등 긍정적인 인상을 받았다는 응답 비율이 94%였다. 감사를 전하는 사람과 받는 사람 모두에게 긍정적인 영향이 있다는 점이 분명해진 것이다.

연구 기관 담당자는 이렇게 분석한다. "감사의 교환이 자주 이루어지는 조직에서는 자신과 동료에 대한 긍정적인 감정이나 서로 협력하려는 의지가 높아진다. 그 결과 하나의 팀으로서 지속적인 힘을 발휘할 수 있는 강한 조직이 되기 쉬운 것 같다". **이처럼 감사하는 사람, 감사를 받는 사람 모두가 일에 대한 동기가 올라가고, 결과적으로 생산성을 높일 수 있다.** 사내 동료나 거래처나 고객에게 사소한 일이라도 "고마워"라고 말하는 습관을 들여보자.

감사가 일에 미치는 과학적 효과

가바사와 시온

전반부에서 다룬 몸과 마음에 이어, 이제 감사가 일에 미치는 과학적 효과를 살펴보자.

개인의 업무 능력 향상

✦

① 일에 대한 동기 부여 향상

감사를 통해 자신의 기여가 인정받았다고 느끼면 일에 대한 의욕이 높아진다. 스스로 해낼 수 있다는 자기효능감과 자신을 다스릴 수 있다는 통제감이 강화되고, 그 결과 일에 대한 동기 부여가 높아진다.[42] 그렇게 되면 무엇이든 더 열심히 하고 싶어지고, 팀과 회사에 기여하고 싶다는 마음도 샘솟을 것이다.

② 업무 성과 향상

감사하면 활력과 동기가 높아져 개인의 업무 성과가 향상된다.[43] 또한 직원들이 서로를 존중하게 되면서 관계가 개선된다. 팀워크와 협업도 좋아진다.[44] 서로 도우면서 일하기 편한 환경이 조성되고, 일도 한결 가뿐해진다. 이는 자연스럽게 개인 업무 성과 향상으로 이어진다.

③ 직장 내 인간관계 개선

감사가 인간관계에 미치는 긍정적인 영향은 이미 설명했다. 이는 직장 내 인간관계에도 동일하게 적용된다. 많은 연구에서, 감사 표현이 직장 내 인간관계를 좋은 방향으로 발전시키는데 강력한 힘을 발휘한다는 결과를 내놓았다. 감사는 상호성과 긍정적인 평가를 높이고, 업무 성과와 직원 만족도를 끌어올릴 뿐 아니라 스트레스 반응을 개선하고, 서로 돕는 행동을 촉진한다. 이를 통해 **직장 전체의 유대가 강화되고, 더 건강하고 생산**

적인 직장 환경이 형성된다.[45, 46] 실제로 감사하는 마음이 강한 직원은 리더나 동료와의 관계가 원만한 편이다.[47]

④ 직장 스트레스 감소

직장 스트레스의 90%는 인간관계 때문이라고 한다. 직장 내 인간관계가 개선되면 당연히 직장 스트레스도 줄어든다. 홍콩 교육대학교 의료 종사자 102명을 대상으로 한 연구에서, 일주일에 두 번씩 4주간 감사 일기를 쓴 그룹의 우울 증세가 대폭 개선되었다.[48] 감사 표현은 직장 내 상호성, 긍정적인 평가, 활력을 높여주므로 감사하는 사람이 많은 직장에는 스트레스를 많이 받는 직원이 없고, 결론적으로는 일하기 행복한 직장으로 거듭난다.[49, 50]

⑤ 직무 만족도 상승

교직원을 대상으로 한 감사 개입 연구 결과, 직무 만족도가 17.9% 향상되고 이직률도 낮아졌다.[51] 감사는 직무 만족도의 예측 요인으로, 감사 표현이 늘어나면 직무 만족도도 향상된다.[52] 개인적 감사dispositional gratitude, 집단적 감사collective gratitude, 관계적 감사relational gratitude 모두가 직무 만족도에 긍정적으로

기여한다는 사실이 확인되었다.[53]

다른 사람에게 감사를 받거나 자신의 일을 인정받을 때 직무 만족도가 오르는 것은 당연하다. 하지만 감사 표현을 늘리는 것, 즉 적극적으로 감사하기 시작하는 것만으로도 직무 만족도가 올라간다는 점은 흥미롭다. 가령 다른 사람에게 전혀 인정받지 못하거나 감사받지 못하더라도, 스스로 감사하는 것만으로 직무 만족도를 높일 수 있다.

⑥ 자기 발전 촉진

감사를 표현하면 할수록 자기 개선, 자기 발전에 대한 의욕이 높아진다. '나는 할 수 있다'라는 생각과 함께 자기효능감이 높아지는 것이다.[54] 자신의 발전을 기대받는다고 느끼고, 더 높은 목표를 향해 노력하게 된다.[55]

⑦ 사회 친화적 행동 증가

사회 친화적 행동이란 타인이나 집단을 위해 자발적으로 하는 행동으로, 배려 행동이라고도 부른다. 즉, 감사하는 마음이 커질수록 다른 사람을 돕는 행동이 늘어난다.[56] 다른 사람에게 감사를 받으면 사회적 가치관(스스로가 사회적으로 가치 있는 존재라는 느낌)이 높아진다. 결과적으로 도움을 준 사람뿐만 아니라 다른 사람에게도 사회 친화적 행동이 증가하고, 친절을 베풀고 싶어진다.[57] 감사를 받는 것만으로도 사회에 기여하고 싶은 마음이 커지는 것이다.

⑧ 일의 행복감 증대

일에 대한 동기 부여, 성과 향상, 소속감 증대, 스트레스 감소로 업무 몰입도가 높아지고 일을 하면서 보람과 즐거움을 느낀다. 결과적으로 행복도가 커진다.[58] 감사하는 마음은 행복하게 일하는 데 필수 조건이라고 할 수 있다.[59]

기업의 개선과 발전

✦

지금까지는 감사가 개인에게 미치는 효과를 정리했다. 이어서 감사가 과연 조직에는 어떤 영향을 미치는지 살펴보자. 한 사람으로부터 감사가 시작되면, 이는 곧 회사의 팀과 부서에까지 퍼져 나간다. 그렇게 되면 자연스럽게 회사 분위기가 좋아지고, 일의 효율이 올라가며, 회사 실적이 향상된다. 감사가 기업 문화로 자리 잡으면 헤아릴 수 없이 많은 효과가 나타난다. 지금부터 집단적 감사가 일으키는 놀라운 효과들을 살펴보자.

① 생산성 향상

감사하는 마음은 직원의 효율성, 생산성, 성과를 향상하는 데 매우 중요하며, 좋은 인간관계와 사회적 지원을 증가시킨다.[60] 직원 개인의 동기 향상에 따라 조직 전체의 생산성도 향상된다.[61]

② 회사에 대한 소속감·애착 향상과 이직률 감소

감사가 많을수록 회사와 조직에 대한 애착이 깊어진다.[62] 감사하는 마음이 강한 직원은 **리더나 동료와의 관계가 원만하며, 이는 행복감과 조직에 대한 애착을 높인다.**[63] 조직에 대한 감사의 마음은 조직의 목표 달성을 돕고 싶다는 욕구를 자극하고, 소속감을 높인다.[64] 감사를 받으면 자신이 조직의 일원으로서 꼭 필요한 존재라는 감각이 강해진다. 회사에 대한 애착이 높아지면 이직률이 낮아지는 효과도 생긴다.

앞서 언급했듯이, 교직원을 대상으로 한 감사 개입에서는 이직률이 줄어드는 동시에 직무 만족도가 17.9% 올라갔다.[65] 감사는 직장 환경 내 스트레스, 불만, 심리적 소진의 영향도 줄여준다. 직원들의 만족도와 일의 보람을 높여 이직률 감소라는 결과를 만들어낸다.[66]

③ 서로 돕는 행동 촉진

감사가 사회 친화적 행동, 즉 남을 돕는 행동을 늘린다는 것은 이미 말한 바 있다. 직장에서 집단적 감사가 퍼질수록 서로가 서로를 돕는 행동이 촉진된다. 감사로 직장 내 인간관계가 개선되고, 도움 주고받기가 늘어나며, 협력이 강화된다.[67] 그 결과, 팀이나 회사 전체의 성과 향상으로 이어진다.

④ 부정행위 감소

감사는 도덕성을 높여주고, 부정행위를 삼가려는 행동으로 이어진다는 것이 실험을 통해 밝혀졌다.[68] 최근 대기업의 데이터 조작이나 사내 비리 은폐 등이 폭로되어 큰 사건이 되기도 했다. 기업 존속에 영향을 받을 만큼 큰 타격을 입는 경우도 적지 않았다. 직원 개개인의 도덕성을 높이기는 쉽지 않지만, **기업 내부에 감사하는 분위기를 조성하는 것은 부정행위 억제에 도움이 된다.**

⑤ 혁신 촉진

마음이 안정적일 때는 새로운 아이디어나 의견이 나오기 쉬워지고 혁신이 촉진된다. **조직 안에 집단적인 감사의 마음이 있으면 사람들 사이의 질 높은 연결이 강화되고, 서비스의 혁신성이 높아지며, 기업의 재무 성과도 향상된다는 것이 밝혀졌다.**[69] 팀 내에서 감사하는 마음이 강해지면 지적 교류가 강화되고, 더 창의적인 아이디어가 나오며, 팀의 성과가 향상된다.[70]

⑥ 기업 이미지 향상

감사를 중시하는 기업은 직원뿐만 아니라 고객에게도 좋은 인상을 주기 때문에 기업 이미지는 저절로 향상된다. 앞에서 언급한 라쿠텐 그룹 외에 사이보즈라는 기업도 좋은 사례다. 사이보즈는 직원들에게 감사한 마음을 전해 동기를 높이기 위해 인사부 감동과를 따로 두었다(현재는 인사본부 커넥트 촉진부로 개편되었다). 일과 삶의 균형을 배려한 제도와 사내 소통 활성화 등의 정책으로 24%에 달했던 이직률을 4%로 낮춰, 기업 이미지를 크게 향상시키기도 했다. 또 파나소닉, 산토리, 리크루트, 세키스이 화학공업, 가오 같은 대기업들도 감사를 효과적으로 활용해 성과를 내고 있다.

⑦ 업무 몰입도 향상

업무 몰입도란 일에서 재미를 얻어 생기 있게 지내는 것(활력), 일에 자부심과 보람을 느끼는 것(열의), 일에 열정을 갖고 몰입하는 것(몰두) 세 가지가 갖춰진 상태를 말한다. 업무 몰입도가 높아지면 다음과 같은 효과를 기대할 수 있다.

- 이직률 감소
- 생산성 향상
- 직원과 회사의 관계 개선
- 직장 분위기 개선
- 직원이 일하기 좋은 환경 보장
- 조직 활성화

일에 보람을 느끼고, 직장 내 인간관계가 좋으며, 즐겁고 활기차게 일할 수 있다. 이는 모든 직장인이 선호하는 최고의 근무 방식이다. 조직이 활성화되고, 직원이 생산성 높게 일하며, 직원과 회사의 관계가 좋아지고, 이직률이 떨어진다면 직원에게도 경영자에게도 좋은 일이다. 어떻게 하면 업무 몰입도가 높아질까? 가장 중요한 것이 있다면, 바로 감사다. **직장에서 집**

단적 감사의 마음을 키우면 업무 몰입도가 크게 향상된다.

도쿄대학교에서 진행된 연구에서 72개 조직의 총 1,187명 직원을 분석한 결과, 집단적 감사가 높아질수록 업무에 대한 참여와 업무 몰입도가 향상되는 것을 발견했다.[71] 여기서 말하는 집단적 감사란 직장에서 감사의 말이 일상적으로 오가는 상태를 뜻한다.

- 누군가 도움을 주면 "고맙다"라고 말하기
- 일이 끝나면 동료나 상사에게 "수고했다"라고 격려하기
- 이메일이나 메시지로 감사하는 마음 전하기
- 리더가 앞장서서 감사하는 말 실천하기
- 감사 카드 등으로 서로에게 감사를 전하는 시스템 만들기
- 일대일로 만나는 개별 미팅에서 감사를 표현하기
- 이달의 MVP 등 구체적인 포상 제도 만들기
- 사내보에 감사 에피소드 소개하기
- 감사 이벤트 실시하기(디즈니랜드의 땡스 데이, 직원들만 디즈니랜드를 빌려 무료로 즐길 수 있음)
- 강의, 연수 등으로 감사의 중요성 알리기

직원끼리, 상사가 부하에게, 선배가 후배에게, 팀원끼리, 리더가 팀원에게, 회사가 직원에게, 감사의 연결 고리가 복잡해지고 서로 다른 구성원끼리 감사할수록 팀의 신뢰도가 높아진다.[72] 회사가 감사 문화를 기업 풍토로 정착시키고자 할수록, 업무 몰입도가 높은 회사가 만들어진다.

감사를 받지 않아도 행복해질 수 있다

✦

감사하면 일에 대한 동기가 올라가고, 업무 성과와 만족도가 높아져 일이 즐거워진다. 직장 내 인간관계도 좋아져 일하는 시간이 편해진다. 결과적으로 행복도가 높아지고 즐겁게 일할 수 있다! 이렇게 멋진 일이 또 있을까?

이렇게 말하면 “우리 회사는 감사는커녕 인사조차 없다”, “우리 회사에서는 칭찬도, 감사도 받지 못한다”라는 반론이 나올 것이다. 흥미로운 점은 이런 감사 효과의 대부분은 감사를 받을 때가 아니라 전할 때 나타난다. 쉽게 말하면, 스스로 감사를 표현하는 것이다. “고맙습니다” 하며 감사의 말을 전하고, 감사 일기를 쓰고, 감사하는 마음을 의식하며 일상을 보내는 것이 핵심이다. 이런 행동은 자신이 타인에게 인정받거나 감사를 받는지와는 관계가 없다. 감사는 혼자서도 할 수 있고, 자신만의 감사로도 충분한 효과를 얻을 수 있다. 당신이 전혀 감사를 받지 못하는 곳에 있더라도, 스스로 감사와 고마움을 표현하면 자연스럽게 만족도가 올라가고 일이 즐거워지며 업무 성과가 올라갈 것이다.

최고의 직장 만들기

✦

지금까지 감사가 많은 직장, 즉 집단적 감사가 실현되는 회사나 조직에서 얻을 수 있는 이점을 살펴보았다. "고마워"라고 했을 때 "고마워"가 돌아오는 조직은 생산성이 올라가고 직장 내 인간관계가 개선되며 다른 부서와의 협력과 협업이 늘어나 소통이 활성화된다. 새로운 아이디어를 제안하기도 쉽다. 서로를 향한 감사를 늘리는 것만으로도 심리적 안정이 보장되어 있는 일하기 좋은 직장을 만들 수 있다.

감사는 전염되고 확산된다

✦

여기서도 아마 당신은 반론할 것이다, "우리 회사는 감사를 말하는 분위기가 아니니다"라고. 만약 그렇다면, 적어도 당신만이라도 감사와 고마움을 표현해보길 바란다. 감사는 전염된다. 실제로 감사의 목격 효과가 보고된 바 있다. A가 B에게 "고마워"라고 말하는 것을 목격한 C는 감사를 표현한 A와 감사를 받은 B 모두에게 '도와주고 싶다', '더 친해지고 싶다'라는 마음을 가지게 되었다. 이는 친화적 행동을 하려는 경향으로 이어지기도 했다.[73]

다른 사람의 감사를 목격하기만 해도 '나도 다른 사람을 돕고 싶다'라는 마음이 생기는 것이다. 감사하는 장면을 보면 긍정적인 감정이 생겨난다. 감사는 전염되고 확산될 가능성이 크다.

여기서 알게 된 감사의 힘을 당신의 일과 직장에 적용해보길 바란다.

✦ 3장 ✦

잘못된 감사

감사의 힘으로도 바꿀 수 없는 사람이 있다

다시로 마사타카

'고맙다는 말을 많이 하기만 하면 되는 건가?' 지금까지 이야기를 듣고 이렇게 생각한 사람도 있을 것이다. 그러나 감사하는 뇌를 가지기 위해서는 꼭 갖춰야 할 기본적인 태도가 있다. 이번에는 관점을 조금 바꿔서, 절대 하면 안 되는 일을 살펴보겠다.

앞에서는 고맙다고 해놓고, 뒤에서 험담을 한다면 어떻게 될까? 언젠가는 그 험담이 본인에게 전해지고 관계는 악화될 것이다. 험담하는 사람은 감사의 효과를 절대 얻을 수 없다. 험담은 반드시 상대의 귀에 들어간다.

반대로, 만약 자신과 관련된 뒷말이나 험담을 들었을 때는 어떻게 해야 할까? 화를 꾹 참고, 험담을 전해준 사람에게 "나는 그 사람을 좋아하는데?", "나는 그 사람을 존경하는데?" 하고 되물어라. 이렇게 하면 전해준 사람도, 뒷말을 한 사람도 당신의 인간성에 매료될 것이다(그래도 해결되지 않고 상대가 더 공격적으로 나온다면 다른 대처법을 생각할 필요가 있다).

인간관계에서는 본래 친근한 사이라고 할지라도 언제 어디서든 오해나 의사소통의 착오가 생길 수 있다. 자신에 대한 험담을 들었다면 처음부터 공격적으로 대응하기보다는 먼저 호의적으로 대하는 것이 좋다.

감사하지 못하는 사람의 공통점

✦

먼저, 감사하지 못하는 사람들의 공통점을 알아보자.

- 자존감이 낮다.
- 주로 부정적 사고를 한다.
- 타인이나 환경 탓을 한다.

- 끊임없이 받기만을 원한다.
- 지나치게 긍정적이고, 반성하지 않는다.
- 성과의 공을 모두 자신에게 돌린다.
- 모든 일을 완벽하게 하려고 한다.

얼핏 보면 장점으로 보이는 것도 있다. 하지만 감사하는 뇌의 관점에서는 그렇지 않을 때가 있으니 주의해야 한다.

① 자존감이 낮다

애써 상대를 칭찬했는데도 돌아오는 반응이 좋지 않아, '왜 저런 태도를 보일까?'라는 생각이 들 때가 있다. 칭찬이나 감사 인사를 건넸을 때, 이를 그대로 받아들이지 못하는 사람이 있다. 건네는 쪽에서는 상대가 기뻐할 것이라고 생각하지만, 오히려 거부 반응을 보인다. 왜 그럴까? 상대의 자존감이 낮은 상태에서는 스스로에 대한 신뢰와 긍정적 평가가 부족하다. 이런 사람들은 자신이 이루어낸 성과나 타인의 친절을 잘 받아들이지 못하는 경향이 있다. 이들은 감사하는 마음을 갖거나 표현하는 것을 매우 힘들어한다. 그렇다면 왜 자존감이 떨어지는 걸까? 보통 어린 시절의 가정환경이나 트라우마가 원인이 되는 경우가 많다. 그 원인을 잘 알아보고 스스로 깨우치는 것이 중요하다.

② 주로 부정적 사고를 한다

부정적인 사고가 강하면 아무리 좋은 일이 생겨도 감사할 수 없다. 다른 사람의 친절과 배려를 받을 때도 마찬가지다. 대화를 할 때는 긍정, 감사라는 키워드를 의식적으로 떠올리는 것이 좋다. 그러면 대화가 밝아지는 것은 물론 인간관계도 긍정적으로 변화할 것이다. 무슨 일이든 일단 고맙다고 말하는 습관부터 들여보자.

③ 타인이나 환경 탓을 한다

무언가를 실패하거나 일이 잘 풀리지 않을 때마다 타인이나 환경을 탓하는 사람이 있다. 스스로 책임지려 하기보다는 항상 책임을 외부로 전가하는 것이다. 이런 사람은 절대 발전할 수 없다. 감사하는 마음도 가지지 않아 주변 사람들이 하나둘 떠나간다. "죄송합니다", "미안합니다"라는 말을 하지 못하는 사람도 남 탓을 하는 사람과 다르지 않다. "고맙다"라는 말을 하기 전에, 먼저 "미안하다"라고 말할 줄 아는 사람이 되어야 한다.

④ 끊임없이 받기만을 원한다

타인을 희생시켜서라도 이득을 보려고 하는 자기중심적인 사람이 있다. 이런 사람은 일시적으로는 일이 잘 풀리는 것처럼 보여도 그 상태를 오래 유지하지 못한다. 주변 사람들도 금방 떠나가기 때문에 인간관계 자체도 금방 끊어지곤 한다. 이런 부류의 사람과 반대되는 사람도 있다. 다만 이 두 부류의 사람이 별도로 존재하는 것은 아니다. 받는 것을 원하는 사람에서 주는 사람으로 조금씩 변해가는, 사람의 성장 과정에서 나타나는 두 가지의 모습일 뿐이다.

나에게는 주는 것을 정말 잘하는 친구가 있다. 물질적인 것뿐만 아니라 항상 상대의 입장에서 격려의 말이나 유익한 정보를 전해준다. 또, 깜짝 이벤트로 사람들을 기쁘게 해주는 것을 즐기는 사람이다. 함께 여행을 갔을 때도 몰래 집으로 선물을 보내놓아서, 여행에서 돌아온 뒤 며칠이 지나고 그 선물을 발견하고는 깜짝 놀란 적이 있다. 그런 친구 주변에는 언제나 사람들이 모여든다. **'주는 사람'이 되면 인간관계가 좋아진다.** 좋은 사람이나 기회를 소개받을 확률도 높아진다. 무언가를 자꾸 주려는 마음은 아주 중요하니, 뒤에서 더 자세히 살펴보겠다.

⑤ 지나치게 긍정적이고, 반성하지 않는다

물론 긍정적인 것은 좋다. 하지만 정도가 지나치면 문제가 된다. 자신의 실수로 문제가 발생해 많은 사람에게 피해를 끼친 상황에서도, 이를 대수롭지 않게 여기고 마냥 긍정적이기만 한다면 다음부터는 아무도 그 사람을 신뢰할 수 없을 것이다. 그런 사람은 주변 사람들에게 진심으로 감사하는 마음을 갖지도 않는다. 우리는 늘 스스로를 성찰하며 일상 속의 감사함을 찾아낼 필요가 있다.

⑥ 성과의 공을 모두 자신에게 돌린다

어떤 사업가의 강연회에 갔다. 그는 시스템 관련 서비스를 제공하는 회사를 운영했는데, 그 서비스를 발표하는 자리였다. 강연을 듣다 보니 서비스의 콘셉트가 무엇인지 이해는 되었지만 이상하게도 묘한 위화감이 느껴졌다. 그 위화감은 사업가의 말에서 비롯되었다. "이 서비스는 제가 창안한 것입니다", "제가 혼자 몇 년에 걸쳐 개발했습니다", "제가 세상을 바꿔 보이겠습니다" 등 나, 나, 나의 연속이었다.

개발의 이면에는 기술자, 사무직원을 비롯한 많은 사람의 노고가 있었을 것이다. 그런 사람들을 배려해 '우리'라는 표현을 사용했다면 훨씬 좋지 않았을까. 해당 서비스는 그 후로 소식이 끊겼고, 들리는 바에 따르면 직원들도 떠났다고 한다. 모든 것을 혼자 해낸 것처럼 말하는 사람이 있다. 하지만 혼자만의 힘으로 이룰 수 있는 일은 존재하지 않는다. '덕분에'라는 감사의 마음이 주위에 전해질 때, 더 큰일을 성취할 수 있는 법이다.

⑦ 모든 일을 완벽하게 하려고 한다

내가 종합상사에서 일하던 시절, 이른바 '더(The) 완벽주의자'가 있었다. 확실히 유능했고 일도 잘했다. 하지만 그 사람 밑에서 일하는 사람은 늘 혼나기만 하고 칭찬받는 일이 없었다. 그는 자기 자신을 기준으로 삼아 다른 사람도 자신만큼의 성과를 내기를 강요했다. 그 결과는 어땠을까? 직원들은 끝내 견디지 못하고 퇴사했고, 새로 들어온 사람들도 금방 퇴사하는 패턴이 반복되었다. 그는 곧 사내에서 고립되었다.

어떻게든 이 상황을 해결하고 싶었던 나는 **'이 사람을 칭찬하는 데 전념하자' 하고 마음먹었다.** 처음에는 존경한다는 말에 "그래요, 알았어요" 같은 퉁명스러운 대답만이 돌아왔다. 하지만 포기하지 않고 계속 마음을 전하자, 어느 날 "고마워요"라는 말이 돌아왔다. 처음으로 들어본 그 사람의 "고맙다"에 진심으로 감동했다. 그리고 그 한마디만 있었어도 직원들이 그만둘 일은 없었을 것이라는 아쉬움도 들었다.

완벽주의자는 완벽만을 지나치게 추구하는 나머지, 자신의 성과나 다른 사람의 노력을 제대로 평가하지 못할 때가 있다. 이런 사람들은 감사하는 마음을 잘 알아채지 못한다. 성실한 사람도 감사의 관점에서 보면 아쉬운 부분이 있다. 그래서 우리는 더욱 열심히 감사하는 뇌를 키워야 한다.

험담이 감사의 효과를 떨어뜨리는 이유

가바사와 시온

험담이나 부정적인 말을 많이 하는 사람은 감사의 효과를 경험할 수 없다. 이런 사람들의 전형적인 패턴을 살펴본 뒤, 왜 그럴 수밖에 없는지 과학적으로 설명하겠다. 결론부터 말하자면, 험담을 자주 하는 사람은 뇌와 신체에 스트레스가 쌓여 건강이 나빠진다. 치매 발병 위험이 세 배 정도 높아지고 수명도 줄어든다. 불안과 공포를 쉽게 느끼고 결국 불행한 삶으로 이어진다.

험담하는 사람들의 특징

✦

① 치매 발병 위험이 세 배 높다

동핀란드대학교에서 진행된 연구에 따르면, 세상이나 타인에 대해 냉소적이고 비판적인 성향이 강한 사람은 치매 발병 위험이 세 배나 높다는 결과가 나왔다. 험담을 계속하면 스트레스 호르몬인 코르티솔이 분비된다. 코르티솔은 기억 저장에 관여하는 해마의 신경을 파괴하고, 과하게 분비될 경우 전두엽 신경 네트워크의 연결을 40%까지 파괴한다. 즉, 험담은 뇌에 큰 손상을 입혀 치매 발병률을 높인다.

② 수명이 줄어든다

낙관적인 사람과 비관적인 사람, 즉 긍정적 사고를 하는 사람과 부정적 사고를 하는 사람을 비교한 연구 결과에 따르면, 긍정적 사고를 하는 사람은 평균 10년 이상을 더 오래 살았다. 또 다른 대규모 연구에서도 긍정적인 사람이 평균적으로 11~15% 더 오래 살고, 부정적인 사람은 긍정적인 사람에 비해 심장 질환 발병률이 두 배 이상 높다는 등 여러 결과가 나와 있다.

앞서 언급한 동핀란드대학교 연구에서도 냉소적이고 비판적인 성향이 강한 사람은 사망률이 1.4배 높았고, 비판 성향이 강하면 강할수록 사망률은 더 올라갔다. 험담과 부정적인 말을 즐겨 하는 사람은 그만큼 수명이 줄어든다. 험담을 하거나 화를 내면 아드레날린이 분비된다. 가끔이라면 괜찮겠지만, 하루에도 몇 번씩 아드레날린이 분비되는 것은 심장에 해롭다.

③ 험담으로는 스트레스가 해소되지 않는다

술집에 가면 상사나 회사 뒷말을 하는 직장인이 많다. 오후 시간대에 카페를 가면 시어머니나 남편 욕을 하는 여성이 많다. 험담을 좋아하는 사람들은 보통 "욕을 하면 속이 시원해", "와, 스트레스가 해소된다"라고 말한다. 하지만 험담으로는 스트레스가 제대로 해소되지 않는다. 이는 과학적으로 완전히 잘못된 생각이다. 정말 스트레스가 풀린다면 코르티솔 수치가 낮아져야 하지만, 험담을 하면 오히려 높아진다.

앞서 말했듯이, 험담을 하면 아드레날린이 분비된다. 권투를 하거나 싸움을 할 때도 아드레날린이 분비된다. 특히 전투 상태에 들어가면 아드레날린이 대량으로 쏟아진다. 험담은 곧 말로 하는 공격이다. 험담할 때 뇌는 전투 상태에 들어가기 때문에 과도한 아드레날린을 분비한다. 아드레날린이 만들어내는 고양감은 즐거움으로 인식되고, 뇌는 과도한 흥분 상태를 스트레스 해소로 착각한다.

아드레날린과 코르티솔 모두 스트레스를 받는 상황에서 분비되는 호르몬이다. 누군가의 험담을 나누다 보면 이 두 호르몬이 모두 분비된다. 즉, 험담은 스트레스를 줄이는 것이 아니라 쌓아가는 행위다.

④ 타인에 대한 험담은 자신에게 악영향을 미친다

타인이 내뱉는 험담을 들으면 어떤 기분이 들까? 아마 몹시 불쾌할 것이다. 네덜란드 위트레흐트대학교와 라이덴대학교에서 진행된 흥미로운 연구가 있다. 피험자들에게 칭찬, 모욕, 중립의 말을 하게 하고 뇌파가 어떻게 변화하는지 측정했다. 연구진은 피험자에게 "린다는 최악이야", "폴라는 거짓말쟁이야" 같이 이름을 넣어 말하게 했다. 실험 결과, 모욕적인 말이 자신을 향한 것이 아닌데도 뇌파가 동일하게 반응했다. 주어와 관계없이 린다가 말한 "린다는 최악이야"와 "폴라는 거짓말쟁이야"가 뇌에 똑같이 악영향을 미친 것이다. **이는 모욕적인 말, 부정적인 말을 하는 행동 자체가 뇌에 해롭다는 뜻이다.** 다른 사람을 욕한다고 생각했지만, 사실은 자신이 험담을 듣는 것과 다를 바 없는 셈이다.

⑤ 편도체가 비대해진다

부정적인 감정이나 경험이 많은 사람은 그렇지 않은 사람에 비해 편도체의 크기가 비대하다는 연구 결과가 있다. 이는 매우 무서운 사실이다. 편도체는 뇌의 경보 장치로, 생존에 위협이 되는 것을 감지하는 역할을 한다. 편도체는 "멍청이!", "죽어!" 같은 말을 듣기만 해도 흥분하고, 심지어 자신이 그런 말을 할 때도 비슷하게 반응한다. 부정적인 말에 노출되어 있는 편도체는 계속해서 비대해진다. 결과적으로는 사소한 불안에도 반응하게 되고 항상 불안이나 공포에 시달리게 된다. 언제나 걱정이 머릿속을 떠나지 않게 되는 것이다. 타인의 단점이 더욱 눈에 띄어 험담을 하고 싶어지고, 다른 사람의 사소한 언행에도 짜증이나 분노가 치밀어 오른다. 감정을 통제하기가 어려워 불안정해지고, 이는 정신 질환의 초기 단계로 이어지기도 한다.

⑥ 험담은 감사의 효과를 상쇄한다

미국 노스캐롤라이나대학교의 프레드릭슨 교수는 긍정적 감정과 부정적 감정의 비율은 3 대 1이 가장 이상적이라고 말한다. 이 비율을 유지해야만 자기 성장을 이끌 수 있고, 행복감이 높아진다는 것이다. 다른 연구에서는 이혼하지 않는 부부의 긍정 대 부정 비율이 5 대 1 이상이고, 실적이 좋은 팀이나 기업의 긍정 대 부정 비율은 6 대 1 이상이라고 한다. 긍정과 부정의 비율은 행복심리학에서도 매우 중요하게 다루어지는 이론이다.

부정적인 말을 한 번 하면, 긍정적인 말을 세 번 해야 겨우 균형이 맞춰진다. 즉, 험담을 한 번 하면 "고마워"를 세 번 말해야 한다. 험담은 감사의 효과를 상쇄한다. 균형을 잡는 것뿐만 아니라 감사의 효과를 충분히 내기 위해서는 험담 한 번에 "고마워"를 다섯 번을 말해야 한다. 하루에 험담을 100번 하는 사람은 "고마워"를 500번 이상 말해야 한다는 것이다. 이는 아무리 봐도 불가능하다.

따라서 타인에 대한 험담, 비방, 중상모략을 포함해 "나는 안 돼", "나는 못 해" 같은 부정적인 말은 되도록 하지 말아야 한다. 이 책을 읽고 나서 실천까지 했는데도 효과를 얻지 못했다고 말하는 사람이 있을 것이다. 그런 사람은 아마 부정적인 말을 많이 하고 있을 것이다. **험담을 많이 하는 사람에게는 절대로 감사의 효과가 나타나지 않는다.** 험담을 하면 수명이 줄어들고, 감사를 하면 수명이 늘어난다. 당신은 어떤 말을 하겠는가?

✦ 4장 ✦

감사의 분류

감사의 3단계

다시로 마사타카

이제부터 감사하는 뇌의 핵심으로 다가가보자. 감사에는 다음과 같은 세 단계가 있다.

- 1단계: 친절에 대한 감사
- 2단계: 일상에 대한 감사
- 3단계: 역경에 대한 감사

각 단계에 따라 "고마워"의 형태가 변한다. 3단계인 역경에 대한 감사에 도달하면 감사하는 뇌로 전환된다.

감사의 3단계

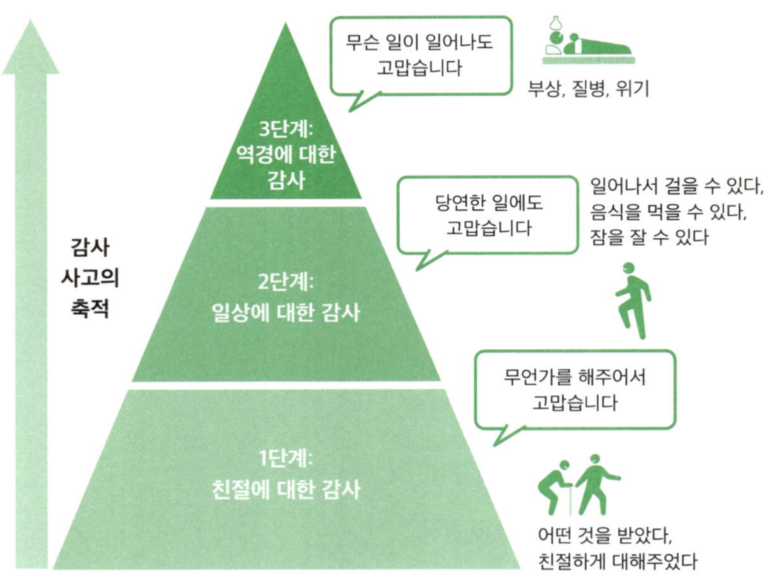
무슨 일이 일어나도
고맙습니다
부상, 질병, 위기
3단계:
역경에 대한
감사
당연한 일에도
고맙습니다
일어나서 걸을 수 있다,
음식을 먹을 수 있다,
잠을 잘 수 있다
감사
사고의
축적
2단계:
일상에 대한 감사
무언가를 해주어서
고맙습니다
1단계:
친절에 대한 감사
어떤 것을 받았다,
친절하게 대해주었다

친절에 대한 감사

✦

1단계는 도움을 받거나 좋은 일이 생겼을 때 하는 감사다. 외부로부터 받은 것에 대한 감사라고 생각해도 좋다. 이 단계는 감사의 출발점이다. 좋은 일이 일어나지 않으면 감사할 수 없는 상태이기 때문이다. 타인이 무언가를 해주었을 때 고마움을 느끼는 순간의 감사 단계이기도 하다.

이 단계에서는 감사하는 마음을 분명하게 표현하는 것이 무엇보다도 중요하다. 감사하다고 생각하는 것만으로는 상대에게 제대로 전달되지 않는 경우가 대부분이다. 이 단계를 제대로 수행하지 않으면, 주변 사람들이 하나둘 떠나게 된다. 다른 사람의 배려나 친절을 느꼈을 때는 "고맙다"라는 말로 감사의 마음을 정확히 전해야 한다.

친절에 대한 감사의 예시

아직 1단계의 감사일지라도, 마음을 표현하는 순간 그 힘은 훨씬 커진다. 나는 관광지에서 기념품이나 작가의 액세서리 등을 파는 가게를 운영 중이다. 한 달에 한두 번 정도만 가게에 나가는데, 종종 훈훈한 일을 겪을 때가 있다. 어느 날, 초등학교

고학년쯤 되는 여자아이가 가게 안을 왔다 갔다, 앉았다 일어났다 했다. 살짝 불안해 보였다. “무슨 고민이 있니?” 하고 물어봤더니, 작은 목소리로 “언니에게 줄 선물 때문에요”라고 대답했다. 아이의 마음에 들어 보이는 물건은 500엔이었는데, 아쉬운 눈빛으로 쳐다보는 것을 보니 아무래도 예산 초과인 듯했다. 그래서 아이와 함께 선물을 골라보기로 했다. 언니를 생각하는 모습이 천사같이 예뻐서 “아저씨가 사줄까?”라는 말이 목 끝까지 차올랐지만, 꾹 참고 함께 골랐다. 우리는 귀여운 장식이 달린 200엔짜리 펜을 선택했다. 아이는 펜을 사고는 환하게 웃으며 돌아갔다. 그로부터 한 달쯤 지나 웃는 얼굴로 다시 나타난 아이는 “언니가 정말 좋아했어요!”라고 말했다. 일부러 알려주러 온 것이었다. 그 아이는 가게 근처에 살고 있었는데, 어쩌다 한 번 가게에 나오는 나를 만나러 여러 번 찾아왔다고 했다. 정말 착하고 정이 많은 아이였다. 겨우 200엔이었지만, 그 가치는 값을 매길 수 없을 만큼 컸다.

감사를 표현하기 위해 여러 번 가게를 찾아가는 행동은 어른도 좀처럼 하기 어려운 일이다. 가슴이 벅차오르며 감사해야 할 사람은 오히려 나였다. 물론 그 자리에서 감사하는 것도 중요하지만, 이렇게 조금 늦게 감사를 전하는 것 또한 상대의 자존감을 높이고 마음을 크게 움직일 수 있음을 그 작은아이에게 배웠다.

고마움을 느끼고 그 마음을 전하는 것은 감사의 가치를 키우는 일이다. 언니가 기뻐했다는 사실과 그것을 전하기 위해 여러 번에 걸쳐 가게를 찾아왔다는 사실을 알게 되었을 때 나도 감동을 받았다. 이것이 바로 감사의 증폭이다. 감사는 전달해야만 비로소 의미가 있다. 이는 2단계로 올라갈 수 있는 지름길이니, 이 부분을 꼭 알아두어야 한다.

일상에 대한 감사

✦

당연한 일에 감사하는 것이 2단계다. 이 단계부터는 행복하게 사는 사람들이 많아진다. 특별히 좋은 일이 일어나지 않아도, 일상에서 당연하게 여겨지는 일에 감사할 수 있는지가 중요하다. 예를 들어, 아침에 일어나 자유롭게 몸을 움직일 수 있는 것, 상쾌한 공기를 마실 수 있는 것, 잠을 푹 잘 수 있는 것, 마실 수 있는 물이 있는 것, 식사를 맛있고 느긋하게 할 수 있는 것, 일자리가 있는 것, 친구가 있는 것 등이다. 이런 당연한 일상에 감사할 수 있는가? 이는 외부에서 오는 것이 아니라, 자신의 내면에서 일어나는 감사라고 할 수 있다.

우리의 시간은 대부분 당연한 일상으로 채워진다. 그것에 감사할 수 있다면 당신은 이미 행복 체질이 되었다고 할 수 있다.

일상에 대한 감사의 예시

서문에 적었던 나의 고수험도 수행처럼, 당연하게 여기던 일상을 잃는 순간 그 모든 것에 감사하게 된다. 하지만 평범하게 하루를 보내면서 일상에 감사하기란 좀처럼 쉽지 않다. 그렇다면 일상에서 조금 벗어난 상황에서는 어떨까? 예를 들어, 외국에 가면 평소 당연했던 일들이 잘 풀리지 않는 경우가 있다. 에어컨과 인터넷이 완비되어 있다는 호텔을 예약했는데, 실제 방에 들어가보니 에어컨이 작동하지 않거나 인터넷이 연결되어 있지 않을 수 있다. 그럴 때는 평소 당연하게 누리던 환경에 새삼 감사함을 느끼게 된다.

과거와 비교해보는 것은 어떨까? 현대사회는 분명 과거에 비해 물질적으로 풍요로워졌다. 전쟁 중에는 폭격을 걱정하지 않으면서 흰 쌀밥을 먹는다는 것을 상상할 수 없었다. 그 시절 사람들이 꿈꾸던 생활을 우리는 너무나 자연스럽게 누리고 있다.

그렇다고 해서 모두가 행복하다고 느끼는 것은 아니다. 물질만으로는 행복해질 수 없기 때문이다. 우리는 금세 새로운 환경에 익숙해지고, 어느 순간 그 환경은 당연한 것으로 변해버린다. 이를 방지할 수 있는 해결책은 당연한 일상에 감사하는 것이다.

2단계에서는 중요한 변화가 일어난다. 앞서 2장에서 여행 중에는 운 좋은 일이 많이 일어난다고 이야기했다. 하지만 2단계에 도달하면 일상 자체가 감사로 가득 차게 된다. 작은 일에도 자연스럽게 "고마워"라는 말이 흘러나오는 것이다. 언제나 여행하는 것처럼 행복을 느끼고 아주 사소한 일에도 운이 좋다고 생각하게 된다. 당연한 일에도 감사할 수 있는 태도를 익히면 아주 많은 행운이 찾아올 수도 있다.

역경에 대한 감사

✦

역경을 비롯해 무슨 일에도 감사할 수 있는 마음가짐이 바로 최종 단계, 만물에 대한 감사다. 이 단계까지 온 사람, 어떤 일에도 "고맙습니다"라고 말할 수 있는 사람은 감사의 달인이며,

그야말로 무적이다. 동시에 감사하는 뇌의 완성을 의미한다. 2단계와의 큰 차이가 있다면, 보통 사람이 고난으로 받아들이는 상황에서도 감사할 수 있다는 것이다. 예를 들어 병이나 빚이 생겼을 때조차도 감사할 수 있다. 도저히 감사할 수 없을 것 같은 일도 감사하는 마음으로 한번 바라보면 수많은 깨달음을 얻을 수 있다.

내가 지켜본 바에 따르면, 3단계를 경험한 사람은 2단계의 당연한 일상에 대한 감사 수준도 더 깊어졌다. 고수험도의 수행에서는 무슨 말을 듣든, 누구의 이름이 불리든 모든 것에 "우케타모!"라고 대답했다. 이는 "받아들이겠습니다"라는 의미인데, 불합리한 일이든 자신의 뜻에 반하는 일이든 모두 기꺼이 받아들이겠다는 것이다. 받아들인다는 것은 있는 그대로를 인정하겠다는 말이다. 즉, 자기 자신과 타인을 함부로 판단하지 않는 것이다. 좀처럼 이해하기 힘든 말을 듣더라도 일단 받아들이겠다고 마음먹으면, '아 저런 생각이나 관점도 있을 수 있구나' 하는 깨달음으로 이어진다.

짐 캐리 주연의 코미디 영화 《예스맨》은 이런 태도를 잘 보여준다. 실화를 바탕으로 한 작품인데, 매사에 부정적이던 주인공이 모든 일에 "예스!"라고 대답하면서 인생이 바뀌어가는 모습이 담겨 있다. 어떤 부탁도 다 들어주며 늘 고맙다고 말하는 태도가 가진 힘을 생각하게 하는 볼 만한 작품이다.

역경에 대한 감사의 예시

나의 동생 다시로 유지는 전 일본 프로 축구 선수였다. 그런데 가시마 앤틀러스(일본 J리그에서 최다 우승한 명문 구단)입단 첫해에 전방 십자인대 파열이라는 부상을 입어 경기에 나갈 수 없게 되었다. 축구 선수를 비롯한 모든 스포츠 선수는 실력과 결과로 모든 것을 보여줘야 하기 때문에 성과를 내지 못하면 곧바로 방출된다. 어머니는 큰 역경에 처한 동생에게 "잘됐네. 부상 상태일 때만 할 수 있는 걸 하면 되잖아"라고 말했다.

동생은 감사하는 뇌를 활용해 역경을 극복해냈다. 그는 어떻게 이 일을 기회로 삼았을까? 수술 후, 재활을 위해 간 국립과학센터에서는 다양한 프로 스포츠 선수가 재활 훈련을 하고 있었다. 동생은 그 모습을 가만히 바라보다가 "치료만 할 게 아니야. 부상 전보다 더 강해져서 팀으로 돌아가자!" 하고 결심했다고 한다. 이후 그는 잘 갖추어진 시설을 최대한 활용해 누구보다 열심히 재활 훈련에 임했다. 그 결과, 피지컬 능력이 크게 향상되었고, 퇴원 후 곧바로 팀의 주전으로 복귀해 J리그 3연패에

공헌할 수 있었다. 그 후에도 해마다 부상을 입긴 했지만 가시마 앤틀러스의 커리어를 마치고 이적한 비셀 고배에서는 경기 외적인 활동에도 힘을 쏟았다. 선수 생활과 편집장을 병행하며 월간지를 직접 발간하기도 했다.

또한 자신을 지지해준 감독, 동료 선수, 스폰서 등 함께 시간을 보낸 모든 이에게 늘 감사하는 마음을 가지며 친밀한 관계를 이어왔기에, 지금은 호주와 일본에서 축구 교실(MATE FC)을 운영하며 일본축구협회(JFA) 국제 위원으로도 활동하고 있다. 일본과 호주 간 축구 교류 사업을 주도할 수 있었던 것도 이런 감사의 관계 덕분이다. 만약 부상을 당하지 않았다면 필드 밖의 다양한 활동은 시작하지도 못했을 것이다. 또, 감사의 힘 덕분에 선수 은퇴 후에도 축구와 관련된 폭넓은 일을 이어갈 수 있었다. 그 바탕에는 어떤 상황에서도 긍정적으로 생각하며 감사하라는 어머니의 가르침이 있었다.

마음에도 3단계가 있다

✦

감사의 3단계에 대해 충분히 이해할 수 있도록 이번에는 마음의 단계를 설명하겠다. 마음에도 다음과 같은 3단계가 있다.

- 1단계: 불안 단계
- 2단계: 자립 단계
- 3단계: 태양 단계

이제는 마음이 어느 단계에 머무는지에 따라 어울리는 사람이 달라지는 시대다. SNS나 뉴스 사이트에서 보는 정보는 당신의 시청 기록과 관심 분야에 맞춰 설계되어 있다. 그래서 같은 SNS나 뉴스 사이트를 보더라도 사용자마다 접하는 내용이 완전히 다르다. 즉, 우리는 현재 같은 세상에 살고 있는 것처럼 보이지만 사실은 각자 다른 세상에 살고 있을지도 모른다. 이런 시대에는 비슷한 세상에 있는 사람하고만 연결된다.

불평불만만 말하고 있으면 필연적으로 비슷한 부류의 사람이 주변에 모인다. 그러다 보면, 세상이 불평불만을 말하는 사람들로만 가득 차 보인다. 반대로 긍정적인 이야기에 둘러싸여 있는 사람도 있다. 그런 사람은 늘 긍정적인 것만 보게 된다. 이렇게 사는 세상이 달라지는 것이다. 당신의 SNS는 어느 쪽 세상인가? 기차에 비유하자면, 지금까지의 시대는 어떤 사람이든

마음의 3단계

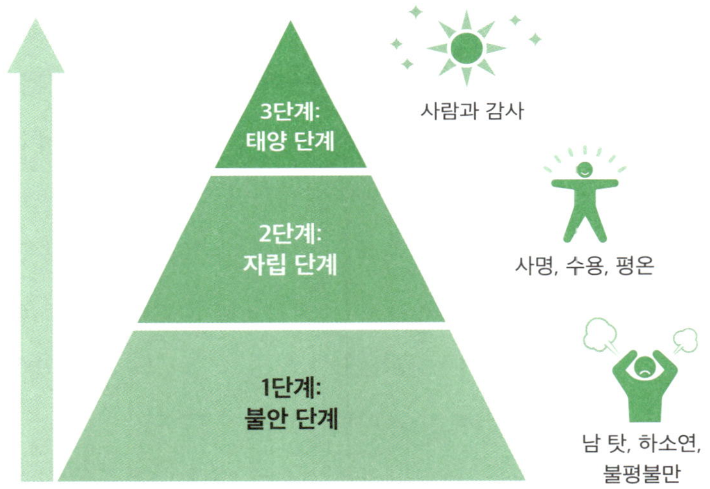

같은 승강장에 서서 열차를 선택할 수 있었다. 하지만 앞으로는 승강장부터 달라질 것이다. 같은 열차조차 탈 수 없게 되는 것이다. 여기서 말하는 같은 열차란 함께 시간을 보내거나 일하는 사람을 뜻한다.

이 시대에 중요한 것은 무엇일까?

✦

이런 시대에는 마음가짐이 가장 중요하다. 마음가짐이 승강장을 나누는 기준이 된다. 실제로 승강장을 단계로 볼 수도 있다. 흥미롭게도 1단계에 있는 사람은 2단계, 3단계의 존재를 알 수 없다. 당신은 어느 승강장에 서고 싶은가? 지금부터 각 마음단계의 특징을 알아보자.

불안 단계

투덜거리고 불평불만만 늘어놓으며 불안 속에서 살아가는 단계다. 불평불만은 모든 일을 자신이 아닌 주변 사람이나 환경 탓으로 돌리는 데서 생긴다. 이런 마음가짐으로는 진정한 자기 인생을 살고 있다고 할 수 없다. 불안은 남 탓을 하는 데서

오기 때문에 남 탓의 단계라고도 할 수 있다. 두려움을 기반에 두고 지내는 상태이므로 생각을 행동으로 옮기기 못하거나 다른 사람을 지나치게 의심하는 경향이 있다. 또, 베풀기보다는 받으려고만 한다. 주변 사람들을 잘 살펴보자. 불평불만이 가득하지는 않은가? 우선 나 자신부터 되돌아보자. 내가 먼저 불평불만을 끊어낸다면 함께 어울리는 사람과의 관계는 자연스럽게 좋아질 것이다. 이는 감사의 마음 단계가 올라가고 있다는 증거 중 하나다.

자립 단계

모든 일을 자신의 성장을 위한 양분으로 삼는 단계다. “나는 무엇을 위해 태어났는가?”, “나의 사명은 무엇인가” 등 여러 질문을 던지며 자기 자신에 대해 알아간다. 이 단계에 도착하면 모든 일이 나에게 필요하기 때문에 일어난다고 생각하게 된다. 사건과 감정을 분리해서 볼 수 있고, 마음이 잔잔해진다. 감정 조절도 쉬워지고 두려움에서 서서히 벗어날 수 있는 수용과 치유의 단계다.

태양 단계

모든 일에 감사할 수 있는, 감사하는 뇌로 살아가는 단계라고 할 수 있다. 이 단계에 머무는 사람은 좋고 나쁜 것을 떠나 모든 일에 감사함을 느낀다. 내면의 두려움에서 비롯된 것이 사라지고 사랑을 바탕으로 행동하기 때문에 상대방과 주변 사람이 기뻐할 만한 일을 늘 생각한다. 말 그대로 사랑과 감사 속에서 살아가는 것으로, 대가 없는 사랑으로 주위를 밝히는 태양 같은 존재가 된다.

일단 태양 단계를 인식하는 것부터 시작하자. 이 단계를 인식함으로써 자신의 존재 방식이 정해지기 때문이다. 최근에는 사람과의 연결 방식도 많이 변했다. 앞으로는 연결 3.0 시대에 접어들 것이다. 연결 1.0 시대는 스스로 연결하려고 하지 않아도 연결되었던 시대다. 지역 동창들이나 직장 동료들 간의 연결이 여기에 해당한다. 지금은 연결 2.0 시대다. 사람들은 취미나 배움 관련 커뮤니티를 통해 주로 연결된다. 공통의 목적을 가지고 무언가를 얻기 위해 스스로 연결해나가는 시대라고 할 수 있다.

그렇다면 연결 3.0 시대는 무엇일까? 연결 1.0과 2.0을 통해 연결된 사람 중에서 마음까지 잘 통하는 사람을 추구할 것으로 보인다. 마음의 연결이란 곧 이해관계를 초월한 연결이다. 이때는 같은 마음의 단계에 있는 사람과 연결되는 것이 중요하다. 자신의 마음 단계를 높여가면서 끊임없이 주변 사람과 연결되도록 노력하자. 감사와 마음, 두 가지의 각 단계를 설명했다. 각각의 단계가 호응하고 있는 것이 보이는가? **감사의 단계를 높이면 마음의 단계도 함께 올라간다.** 두 가지의 단계를 알게 된 당신은 이제 위로 올라갈 일만 남았다!

감사와 뇌 내 물질

가바사와 시온

감사에 대한 뇌과학 연구가 많지는 않지만, 흥미로운 연구 결과들은 계속해서 나오고 있다. 저서 『세 가지 행복』에서 나는 행복과 관련된 3대 뇌 내 물질(신경전달물질)로 세로토닌, 옥시토신, 도파민을 꼽았다. 감사의 3단계와 함께 3대 행복의 구조를 알아두면 도움이 될 것이다.

우리가 행복을 느낄 때는 대부분 이 세 가지 물질 중 하나 혹은 여러 가지가 복합적으로 분비된다. 옥시토신은 뇌의 시상하부 내 실방핵Paraventricular nucleus이라는 신경핵(신경 회로의 분기점)에서 생성되어, 뇌하수체 후엽에서 혈액 속으로 분비되는 호르

3대 행복

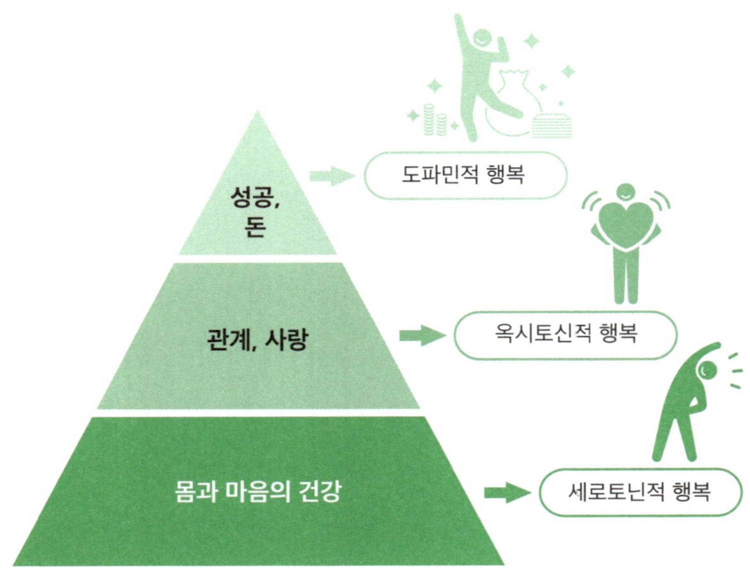

몬이다. 혈액뿐만 아니라 타액에서도 검출되어 실험하기 쉽기 때문에 관련 논문이 다양하게 나와 있다.

반면 도파민과 세로토닌은 신경전달물질이라 불리며, 뇌의 신경 말단에서 분비된다. 두 물질은 국소적으로 신호를 전달하기 때문에 단기간 동안의 변화를 연구하기가 매우 어렵다. 그러다 보니 감사나 행복 같은 긍정적인 감정과의 관련성 연구는 아직 발전 초기 단계에 머물러 있다. 그러나 여러 정황 증거가 나오고 있어서, 미국의 뇌과학자들은 "감사에 의해 세로토닌, 도파민 등이 활성화된다"라는 단언을 책에 담았다.[75]

도파민 활성화

✦

미국 오리건대학교에서 기능적자기공명영상fMRI를 활용해 연구를 진행했다. 감사하는 마음을 표현하는 과제를 계속 하면, 보상 회로의 일부인 복내측 전전두엽 피질ventromedial prefrontal cortex과 뇌 깊숙한 곳에 있는 측좌핵이 활성화되었다. 같은 연구에서 감사와 이타적인 행동 사이의 상관관계도 조사했는데, 감사하는 마음을 가지면 보상 회로의 움직임이 더 활성

화되어 이타적인 행동을 하기 쉬워진다는 결론이 나왔다.[76]

전전두엽 피질은 흔히 말하는 전전두엽으로, 이마 바로 뒤에 있는 부분에 해당한다. 뇌의 사령탑이라고도 불리며 생각하기, 판단하기, 기억하기, 아이디어 내기, 감정 조절하기, 공감하기 등 고차원적인 인지 기능을 관장하는 뇌의 중추다. 이 연구에서는 감사의 표현으로 전전두엽 피질의 활동성이 높아졌지만, 또 다른 연구에서는 감사하는 마음이나 감사 일기로도 전전두엽 피질의 활동성이 높아지는 것을 볼 수 있었다.

뇌의 보상 회로란 중뇌의 복측피개부를 기점으로, 대뇌변연계의 측좌핵을 거쳐 전전두엽 피질에 이르는 신경계를 가리킨다. 보상 회로의 뉴런은 도파민을 포함하고 있다. 도파민은 복측피개부에서 생성되어 측좌핵과 전전두엽 피질에서 분비되며, 뇌 내 보상 회로의 주요한 역할을 맡고 있다. 즉, 측좌핵과 전전두엽 피질이 활성화되었다는 것은 뇌의 보상 회로가 활성화되었다는 뜻이며, 그곳의 주요 신경전달물질인 도파민이 분비되었다고 추론할 수 있다. 도파민은 쾌락 물질이라는 별명을 가지고 있다. 도파민이 활성화되면 기쁨, 즐거움, 행복함 같은 긍정적 감정이 솟아난다.

성과를 냈을 때, 돈을 벌었을 때, 목표를 달성했을 때, 맛있는 것을 먹었을 때도 도파민 분비가 활성화된다. 성공, 달성, 돈 등이 뇌가 기뻐하는 보상이 된다는 뜻이다. **스스로 감사를 표현하기만 해도 보상 회로가 활발하게 활동한다. 이를 통해 감사가 뇌를 기쁘게 하고, 그 과정에 도파민이 관여하고 있음을 알 수 있다.**

세로토닌 활성화

✦

감사는 다른 사람을 돕고자 하는 마음과 행동을 촉진시키며, 그 결과 뇌의 경보 장치라 불리는 편도체의 반응성을 낮추는 것으로 나타났다. 실제 연구에서는 감사 과제를 수행하자 편도체의 반응이 떨어졌고, 이는 염증 반응 감소와도 관련이 있었다.[77]

위험을 감지해 불안을 일으키는 부위인 편도체의 반응성이 감사에 의해 억제되었다는 사실은 매우 흥미롭다. 요컨대, 감사하는 뇌가 불안을 줄일 수 있다는 것이다. 한편, 3대 행복 물질 중 하나인 세로토닌이 편도체의 활동을 억제한다는 사실은 이미 잘 알려져 있다. 세로토닌이 활성화되면 편도체의 과잉 반응을 제어해 불안과 우울을 줄이고, 뇌를 한층 편안하게 만든다.

앞서 2장에서 살펴봤듯이 실제로도 감사 실천을 통해 불안과 우울이 감소했다는 연구 결과가 다수 존재한다. 따라서 **감사의 중요한 효용 중 하나는 불안과 우울감 완화**라고 할 수 있다. 이러한 점들을 종합하면, 감사가 편도체의 활동을 억제해 불안과 우울을 개선하는 과정은 세로토닌 신경이 매개하고 있다고 추론할 수 있다. 모든 데이터를 종합해보면 감사가 세로토닌을 활성화한다고 볼 수 있다.

엔도르핀 활성화

✦

인간의 뇌는 스스로 마약과 유사한 물질을 분비하는데, 이를 내인성 오피오이드라고 부른다. 런던대학교에서 양전자방출단층촬영법PET을 이용해 진행한 연구에 따르면, 내인성 오피오이드가 긍정적인 감정 조절에 관여하는 것으로 나타났다.[78]

내인성 오피오이드의 자극은 기쁨과 행복감을 높이고, 사회 친화적 성향이나 유대감을 강화한다. 이는 소속감이나 사회적 감정과도 깊은 관련이 있다. 또한 오피오이드가 매개하는 쾌락 자극은 사회적 유대와 관계를 돈독히 하며, 사회 친화적·이타

적 행동을 촉진하는 데도 중요한 역할을 한다.[79]

오피오이드 수용체는 μ(뮤), κ(카파), δ(델타)라는 세 종류가 있으며, 인간을 대상으로 한 연구의 대부분은 μ수용체를 중심으로 이루어져 있다. 엔도르핀은 μ수용체에 결합하는 대표적인 내인성 오피오이드다. 엔도르핀 자체를 대상으로 한 연구는 많지 않지만, μ수용체를 매개로 한 자극이 기쁨과 행복감 같은 긍정적인 감정과 밀접하게 연결되어 있다는 사실은 비교적 확실하다.

여기까지 읽고 '엔도르핀과 도파민은 비슷하다'는 생각이 들었다면 당신은 꽤 예리한 사람이다. 두 물질은 모두 즐겁다, 행복하다 같은 긍정적 감정을 불러일으키는 대표적인 행복 물질이다. 특히 두 물질이 동시에 분비될 경우, 엔도르핀이 도파민의 효과를 10배에서 20배까지 증폭시킨다. 스포츠 경기에서 우승한 뒤, "최고야!"라고 외치고 싶을 만큼 고양된 행복을 느낄 때는 도파민과 엔도르핀이 동시에 분비되고 있을 가능성이 크다. 도파민이 보상 회로와 연결되어 있다는 것은 앞서 말한 바와 같지만, 엔도르핀 역시 보상 회로와 관련되어 있으며 도파민과 유사한 역할을 한다.

또한 엔도르핀은 강력한 진통 효과로도 유명하다. 실제로 말기 암 환자에게 사용하는 마약성 진통제 모르핀보다 약 6배 강한 진통 효과를 가진다. 복서가 얼굴이 심하게 부어올라 극심한 고통을 느껴야 할 상황에서도 계속 싸울 수 있는 이유는 엔도르핀이 분비되기 때문이다. 달리기를 하다 보면 처음에는 힘들다가도 갑자기 몸이 가벼워지는 순간을 경험할 수 있다. 이를 러너스 하이Runner's High라고 한다. 이 상태에서는 도파민과 함께 엔도르핀이 분비된다. 엔도르핀의 효과로 힘들거나 괴로운 감정이 완화되는 것이다. 엔도르핀은 진통 효과뿐 아니라 스트레스 해소 효과도 있다. 극심한 통증이나 생존의 위협 같은 극도의 스트레스 상황에서도 엔도르핀이 분비되면, 고통이 줄어들고 마음을 다잡을 수 있게 된다. 위기를 극복할 수 있도록 돕는 것이다.

서문에서 다시로 씨가 경험한 수행은 죽음과 맞닿은 극한 상황을 일주일간 체험하는 것이었다. **그러한 생사의 갈림길에서 분비되는 물질이 바로 엔도르핀이다.** 수행 중 감사나 연결을 강하게 의식하게 된 것도 어쩌면 엔도르핀 때문일 수 있다. 엔도르핀은 긍정적인 감정뿐 아니라 분노, 두려움, 슬픔 같은 부정적인 감정과도 관련되어 있어 그 메커니즘이 매우 복잡하다. 따라서 "감사하면 엔도르핀이 나온다"처럼 단순히 일대일로 대응하는 관계로 보기는 어렵다. 그럼에도 감사나 행복한 마음 같은 긍정적인 감정을 품을 때 엔도르핀을 비롯한 오피오이드 계열의 호르몬 분비가 활성화된다는 사실은 여러 연구를 통해 확인되고 있다. 즉, 엔도르핀이 감사의 감정이나 행복한 기분과 깊이 관련되어 있다는 점은 분명하다.

친절과 옥시토신

✦

옥시토신은 3대 행복 물질 중 하나로, 주로 소통과 스킨십을 통해 분비된다. 높은 이완 효과와 치유 효과를 지닌 옥시토신은 심혈관계 질환 예방, 노화 방지, 면역력 증진, 불안·공포·분노와 같은 부정적 감정 완화, 인간관계 개선 등 몸과 마음 전반에 이로운 작용을 한다. 소통이나 스킨십뿐만 아니라 타인에게 친절을 베풀 때도 옥시토신이 분비된다.

스코틀랜드의 유기화학 박사 데이비드 해밀턴은 저서 『아주 작은 친절의 힘』(크레타 역간, 2025)에 친절과 옥시토신의 관계를 자세히 설명하고 있다.

흥미로운 점은 친절을 베푸는 사람뿐만 아니라 그것을 받는

감사의 뇌과학

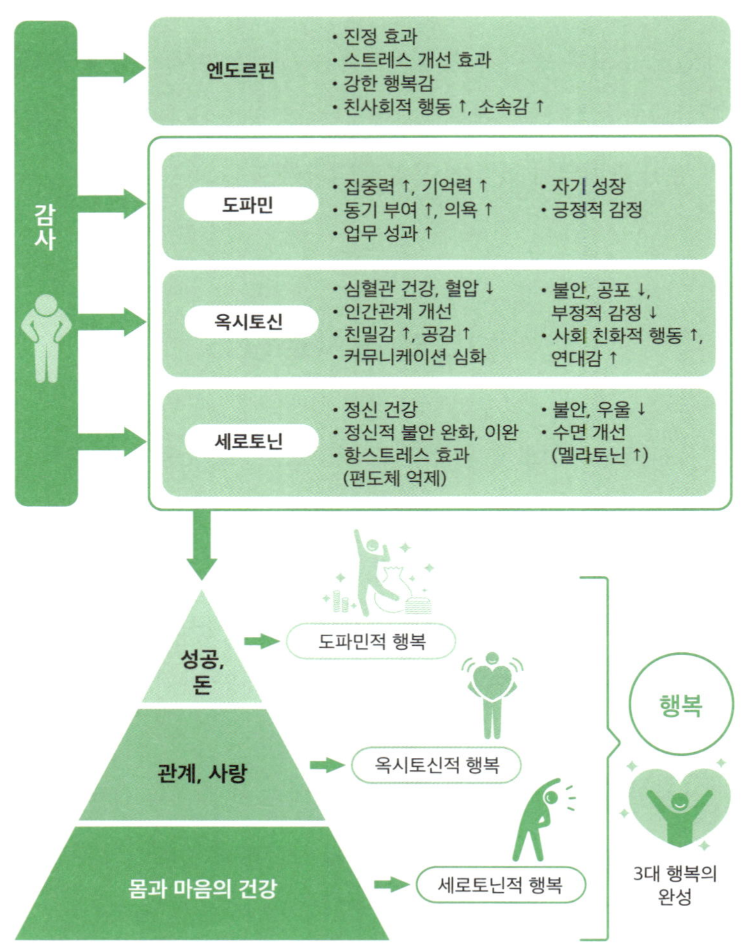

감사
엔도르핀
• 진정 효과
• 스트레스 개선 효과
• 강한 행복감
• 친사회적 행동 ↑, 소속감 ↑
도파민
• 집중력 ↑, 기억력 ↑
• 동기 부여 ↑, 의욕 ↑
• 업무 성과 ↑
• 자기 성장
• 긍정적 감정
옥시토신
• 심혈관 건강, 혈압 ↓
• 인간관계 개선
• 친밀감 ↑, 공감 ↑
• 커뮤니케이션 심화
• 불안, 공포 ↓, 부정적 감정 ↓
• 사회 친화적 행동 ↑, 연대감 ↑
세로토닌
• 정신 건강
• 정신적 불안 완화, 이완
• 항스트레스 효과 (편도체 억제)
• 불안, 우울 ↓
• 수면 개선 (멜라토닌 ↑)
성공, 돈
관계, 사랑
몸과 마음의 건강
도파민적 행복
옥시토신적 행복
세로토닌적 행복
행복
3대 행복의 완성

사람의 몸에서도 옥시토신이 분비된다는 사실이다. 게다가 친절은 세로토닌, 도파민, 엔도르핀까지도 분비시킨다.

그렇다면 감사를 통해서도 옥시토신이 분비될까? 영어권 책이나 웹사이트에 "감사가 세로토닌과 도파민을 활성화한다"라는 설명은 자주 등장하지만, 옥시토신에 대한 언급은 거의 없다. 다시 말해, 감사와 연결된 물질은 주로 세로토닌과 도파민으로 인식되고 있으며, 옥시토신은 친절이라는 감정과 연결된 친절 물질로 이해되고 있다.

감사와 옥시토신

✦

앞서 언급했듯이, 옥시토신은 친절을 받은 사람에게도 분비된다. 그렇다면 친절을 받은 사람은 어떤 감정을 느낄까? 대부분 감사한 마음을 품을 것이다. 감사와 옥시토신 사이의 관련성을 가정하고 논문들을 살펴보면, 감사가 옥시토신 분비를 촉진한다는 연구들이 일부 보고되어 있다. 예를 들어, '이타와 감사의 명상'을 60분 동안 수행한 결과, 타액 중 옥시토신 수치가 평균 37% 상승했다.[80] 또한 고령자를 대상으로 10일간 옥시토

신을 투여한 연구에서는 감사하는 마음이 늘고 신체 기능이 모두 개선되는 결과가 나왔다.[81]

더 나아가, 감사 표현과 사회적 상호작용이 옥시토신 분비에 영향을 미치는 것으로 알려진 유전자 CD38의 변이와 관련이 있다는 사실도 보고되었다. 이는 옥시토신이 감사 표현을 통해 사회적 유대를 강화하는 중요한 역할을 함을 알려준다.[82] 이처럼 여러 연구에서 감사와 옥시토신의 관련성이 제시되고 있다.

한편, 공감 경험만으로도 옥시토신 수치가 47% 증가했다는 연구도 있다.[83] 감사의 효능과 옥시토신의 효능을 비교해보면, 심혈관 질환 예방, 통증 완화, 불안과 같은 부정적 감정 해소, 수면 개선, 행복감 상승 등 대부분이 겹친다. **감사가 몸과 마음에 미치는 치유 효과에는 세로토닌, 도파민뿐 아니라 옥시토신도 분명히 깊이 관여하고 있다.**

친절과 감사로 3대 행복이 완성된다

✦

감사를 통해 세로토닌, 도파민 등 감사 물질과 옥시토신이 분비된다. 반대로, 친절을 받거나 베풀면 옥시토신을 중심으로 세로토닌과 도파민이 분비된다. 즉, 감사와 친절을 통해 세로토닌, 옥시토신, 도파민이라는 3대 행복 물질이 모두 채워지는 셈이다!

1장에서 나는 감사를 많이 하는 사람에게서 '밝고 웃음이 많다', '대인관계가 원만하고 사람이 모인다', '에너지가 넘치고 활동적이다'라는 세 가지 공통점을 관찰한 바 있다. 이제 감사하는 뇌가 세로토닌, 옥시토신, 도파민을 모두 갖춘 상태라는 것을 알게 되었으므로, 감사하는 사람이 충실하고 행복해 보이는 이유를 뇌과학적으로도 설명할 수 있다.

세로토닌 덕분에 밝게 웃고 분위기를 환하게 만든다. 옥시토신 덕분에 인간관계가 원만해진다. 도파민 덕분에 에너지가 넘치고 활동적인 상태가 되어 일에서도 성과를 내기 쉽다. 이처럼 3대 행복을 모두 갖춘 사람은 건강, 인간관계, 일 모든 면에서 잘 풀리며 자연스럽게 행복해질 수 있다.

친절과 감사는 행복의 연쇄 작용을 일으키기도 한다. 예를 들어, A가 B에게 친절을 베풀면 그 순간 A와 B 모두에게 옥시토신(세로토닌, 도파민도)이 분비된다. 이어서 B는 감사하는 마음을 품고 "고맙습니다"라고 표현한다. 그러면 이번에는 세로토닌과 도파민(그리고 옥시토신도)이 A와 B 모두에게 분비된다. 이

친절과 감사의 선순환

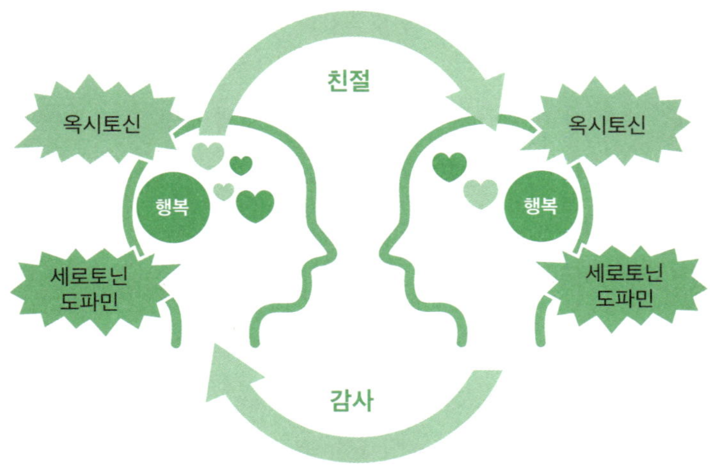

후 B가 A에게 다시 친절을 베풀고, 이번에는 A가 감사한다. 이처럼 친절과 감사가 반복되면서 A와 B의 뇌에는 세 가지 행복 물질이 가득 차게 된다.

3대 행복 물질이 충분히 분비되면 집중력, 판단력, 기억력 같은 인지 기능이 향상되어 업무 성과가 크게 높아진다. 또한 각각의 효과 덕분에 스트레스를 거의 느끼지 않거나 쉽게 흘려보낼 수 있게 된다. 부정적인 감정은 사라지고 나는 할 수 있다(자기효능감), 지금의 나도 괜찮다(자존감), 지금의 나에 만족한다(만족감) 같은 긍정적인 감정이 자리 잡으며 행복감으로 가득 찬다. 이보다 더 멋진 일이 있을까?

『세 가지 행복』에서는 세로토닌을 늘리는 습관으로 아침 산책을 권장한다. 하지만 아침 산책을 매일 꾸준히 실천하기란 쉽지 않다. 도파민을 늘리려면 목표를 세우고 행동으로 옮겨 자기 성장을 이루며 성취를 경험하는 것이 가장 효과적이다. 그러나 목표를 향해 꾸준히 행동하는 것 또한 만만치 않다. 옥시토신은 어떨까? 사이가 좋지 않은 부부에게 "대화를 늘리세요", "스킨십을 해보세요"라고 권해도 잘 실천하지 않는다. 직장에서 서먹한 동료와 소통을 깊게 이어가는 것도 힘든 일이다. 결국 세로토닌, 옥시토신, 도파민을 개별적으로 분비시키는 것은 의외로 어렵다. 상당한 노력, 시간, 정신력이 필요하기 때문이다.

그렇다면 친절과 감사는 어떨까? 상대가 어떻게 생각하는지는 중요하지 않다. 그저 일방적으로 친절을 베풀고 감사하면 된다. 그것만으로도 세 가지 행복 물질이 균형 있게 채워진다. 감사는 머릿속에서만 해도 충분하지만, 단순히 "고마워"라고 말하는 것만으로도 15분 동안 아침 산책을 한 것과 같은 효과를 얻을 수 있다. 하루에 3분만 투자해 감사 일기를 쓰는 것도 좋다. 실제 연구에 따르면, 감사 일기를 쓴 지 단 2주 만에 행복감이 유의미하게 상승했다. 즉, 친절과 감사를 실천하면 불과 2주 만에 행복이라는 효과를 경험할 수 있다. **가장 즉각적이고, 가장 쉽게 실천할 수 있는 행복의 비밀이 바로 감사와 친절이다.** 앞에서 살펴본 것처럼, 최신 뇌과학과 심리학 연구는 이를 확실히 뒷받침하고 있다.

4장에서는 감사의 분류라는 관점에서 감사의 3단계를 확인했고, 이어서 세 가지 행복 피라미드를 바탕으로 친절과 감사가 행복으로 이어지는 과정을 꼼꼼히 설명했다. 이제 이해는 충분하다. 남은 것은 실천뿐이다.

다음 5장에서는 감사를 만드는 방법을 주제로 구체적인 감사의 방법을 소개한다. 먼저 실천을 위한 도구인 감사 사고를 이해하고, 이어서 감사를 전하는 방법을 차례로 살펴보자.

✦ 5장 ✦

감사를 만드는 법

감사 사고를 다듬는 5가지 방법

다시로 마사타카

긍정적 사고와 부정적 사고 중 어느 쪽이 더 좋을까? 앞서 장수에 관한 연구에서 밝혀졌듯이, 기본적으로는 긍정적 사고가 더 좋다. 부정적 사고가 강하면 여러 가지 문제가 생기고, 우울감이 심해져 행동력이 떨어지기도 한다. 감사할 줄 모르는 사람의 특징 중에 부정적 사고가 있기도 하다.

그렇다면 긍정적 사고는 무조건 완벽한 걸까? 그렇지 않다. 예를 들어, 어떤 일에 실패했을 때 긍정적 사고가 지나치게 강한 사람은 '실패가 아니야. 신경 쓰지 않아도 돼'라는 생각을 하기 쉽다. 현재 상황에 지나치게 안주해 성장하지 못할 위험이

긍정적·부정적 사고와 감사 사고

	부정적 사고	감사 사고	긍정적 사고
사고방식	나쁜 것만 생각한다	배움과 성장의 기회에 감사한다	나쁜 것은 생각하지 않는다
결과	행동하지 못한다	어떤 환경에서도 성장한다	실패를 두려워하지 않고 성장하지만, 정체될 때도 있다.

있는 것이다. 이때 중요한 것이 바로 감사 사고다. 설령 일에 실패했더라도 '이 경험에서 무엇을 배울 수 있을까?', '배움과 성장의 기회를 경험할 수 있어 감사하다'라는 긍정적인 생각으로 받아들이는 것이 감사 사고다. 현실 상황을 그대로 받아들이면 그로부터 배움과 성장을 발견할 수 있다. 지금부터 감사 사고를 익히는 다섯 가지 방법을 알아보자.

감사 사고 의식하기

✦

긍정적 사고가 '나쁜 것은 생각하지 않는다'라는 생각의 접근법이라면, 감사 사고는 '좋은 것에 주목하자'라는 생각의 접근법이다. 자연스럽게 마음의 평온을 얻는 방식이다. 일이 잘 풀릴 때는 물론이고 잘 풀리지 않는 상황에서도 감사 사고를 갖추고 있다면 배움을 얻을 수 있다. 이는 곧 마음의 성장으로 이어진다. 따라서 감사 사고는 긍정적 사고의 장점까지 가진 최강의 사고법이라고 할 수 있다. 무엇보다도 그 존재를 알고 의식하는 것만으로도 큰 변화를 경험할 수 있다.

물론 감사 사고에는 어느 정도 훈련이 필요하다. 6장에서 훈련법으로 '무슨 일이 일어나도 감사합니다 워크'를 소개할 예정이다. 즐겁게 실천할 수 있으면서도 효과가 좋으니 꼭 시도해 보길 바란다.

가진 것에 집중하기

✦

"만족을 안다"라는 말이 있다. 없는 것을 한탄하기보다 지금 곁에 있는 것에 감사하자는 태도다. "가진 것을 안다"라고 바꿔 말하면 더 쉽게 이해될 수도 있다. 예를 들어 이 책을 읽고 있는 공간이나 의자, 밝게 비추는 조명이나 햇빛, 집중해 읽을 수 있는 시간 등 지금의 상황을 이루고 있는 것 하나하나에 집중해보자. 어쩐지 감사하는 마음이 저절로 샘솟지 않는가?

또 잘 안 되는 일을 붙잡고 속상해하기보다는 잘 진행되고 있는 부분을 찾아 감사하자. 분명 힘이 솟아날 것이다. 내가 한국에서 마라톤 대회에 참가했을 때 비슷한 경험을 했다. 코스 중반부를 지날 때쯤 왼쪽 무릎이 아파 완주를 포기할까 고민하던 순간, 아픈 곳에서 시선을 거두었다. 대신 발, 종아리, 허벅지, 고관절 등 여전히 잘 움직여주는 다른 부분 하나하나에 "고마워, 고마워" 하고 감사했다. 그러자 놀랍게도 다시 앞으로 나아갈 수 있게 되었다. 결승점에서 "이 감사를 가르쳐준 왼쪽 무릎에게도 감사하다"라고 전했을 때는 신기하게도 이미 통증이 사라진 상태였다.

일도 마찬가지다. 고객이 줄었다고 불평하지 말고 지금 함께 해주는 고객에게 감사하자. 몸의 일부가 불편하다면 여전히 정상적으로 기능하는 다른 부분에 감사하자. 나아가 그것을 깨닫게 해준 불편함에도 감사해보자. **지금 누리고 있는 것을 인지하고 감사하기 시작하면, 마치 특별한 힘이 솟아나는 듯한 경험을 하게 된다.** 지금 이 순간 곁에 있는 것을 더 깊이 깨닫고 싶다면, 6장의 워크를 실천해보길 바란다.

행복의 기준을 낮게 설정하기

✦

가진 것을 아는 것은 감사의 2단계인 일상에 대한 감사를 깊게 하는 중요한 요소다. 우리는 흔히 일상을 잃고 나서야 비로소 그 소중함을 깨닫는다. 일상이 무너진다는 것은 곧 우리가 누려왔던 모든 것이 사라진다는 것을 의미하기 때문이다. 이는 행복의 기준을 낮추고 불행을 가져온다. 그렇다면, 처음부터 행복의 기준을 낮게 잡아둘 수는 없을까? 행복의 기준을 지나치게 높게 세워버리면 무엇을 해도 만족하기 어렵다. 반대로 행복의 기준은 낮게 두고, 목표를 높게 잡으면 행복의 수준이 훨씬 커질 수 있다.

보통 우리는 비교를 통해 행복을 느낀다. 하지만 계속 타인과 자신을 비교하며 살다 보면 정반대의 감정도 찾아온다. 나보다 훨씬 성공한 사람을 보면 저도 모르게 스스로를 무능하다고 여기게 되는 것이다. 나 역시 그런 시절이 있었다. 하지만 어느 순간 "이대로는 안 되겠다. 남과 비교해봤자 소용이 없네. 평생 비교 속에서 살고 싶진 않아!" 하고 결심했다.

그때부터 나는 다른 사람의 기준이 아니라 나만의 행복을 정의하기로 했다. 매일 먹고살 수 있는 것, 하고 싶은 일을 할 수 있는 최소한의 돈, 튼튼한 지붕이 있는 집, 언제든지 여행을 떠날 수 있는 건강한 몸, 서로를 이해해주는 가족과 친구. 이것들만 충족되면 행복하다는 나만의 조건을 정한 것이다. 그 순간부터 '나는 나, 남은 남'이라는 마음가짐이 자리 잡았다. 다른 사람과 비교할 필요가 없어진 것이다. 행복의 기준이 명확해지자 그 기준을 충족하는 삶의 방식을 거꾸로 설계해볼 수 있게 되었다. 결과적으로 남과 비교하는 일이 사라진 것은 물론, 매일의 일상이 그 기준을 충족하고 있다는 사실 자체를 기적처럼 느끼며 감사하게 되었다.

행복에 대한 나만의 정의 내리기

✦

돈, 마음의 상태, 일, 시간, 건강, 동료, 커뮤니티 등의 목록을 써 내려가면서 자신이 생각하는 행복의 최소 기준을 정해보자. 일상의 감사를 잊지 않기 위해서라도, 항상 들여다볼 수 있게 해두면 좋다.

예시

- 돈: 먹고사는 데 필요한 최소 금액을 계산해본다.
- 마음의 상태: 가장 이상적인 마음의 상태를 적어본다.
- 일: 자신이 할 수 있는 이상적인 일을 써본다.
- 시간: 취미 시간, 가족과의 시간, 1년에 두 번 여행 가기 등.
- 건강: 최상의 건강 상태, 등산을 할 수 있는 몸 등.
- 동료: 어떤 파트너나 동료를 선호하는지 써본다.

- 커뮤니티: 배움, 취미, 지역 등과 어떤 관계를 맺고 싶은지 생각해본다.

감사로 감정을 조절하기

✦

"감정을 다스리는 자가 인생을 다스린다"라는 말이 있다. 그만큼 인간은 감정에 크게 흔들리며 살아간다. 부정적인 감정이 오래 지속되면 마음이 지치고, 인간관계도 잘 풀리지 않는다. 따라서 부정적인 감정에서 벗어나 하루라도 빨리 앞으로 나아가려면 일어난 사건과 감정을 분리해 멀리서 바라보는 태도가 필요하다. 사건 자체는 사실로 존재하지만, 그 사건에 어떤 감정을 담을지는 각자의 생각과 관념에 따라 변한다. 중요한 것은 그 속에서 감사를 발견하는 일이다. 그렇게 하면 솟구치던 부정적 감정도 자연스럽게 가라앉는다. 말하자면 반사 신경을 감사 신경으로 전환하는 것이다. 감사는 감정을 조절할 수 있는 힘이다. **감사함을 이용하면 슬픔을 기쁨으로, 분노를 친절로, 두려움을 안심으로 바꿀 수 있다.** 감정을 다스릴 수 있게 되면 인생은 더욱 온화해지고 한층 더 좋은 방향으로 흘러간다.

감사 표현 및 전달 방법: 실천 편

다시로 마사타카

앞서 감정을 증폭시키는 감사 표현의 심리적 효과를 살펴보았다. 이번에는 실제로 마음을 전할 수 있는 실천 방법을 소개하고자 한다. 이 방법은 친절에 대한 감사 단계부터 활용할 수 있어 감사하는 마음을 기르는 데 큰 도움이 될 것이다. 먼저 감사의 기본 원칙 세 가지를 살펴보자.

① 상대의 눈을 보고 감사하기

가끔 눈도 마주치지 않고 "고맙습니다"라고 말하는 사람이 있다. 하지만 이렇게 하면 상대는 '진심으로 하는 말인가?' 하는 의심이 들 수도 있다. 가능하다면 최소한 한 번은 상대의 눈이나 얼굴을 바라보며 감사한 마음을 표현하자. 만약 상황이나 관계상 눈을 마주치는 것이 어렵다면, 고개를 숙여 인사하며 정중히 감사를 전하는 것도 좋은 방법이다.

② 무엇이 감사한지 구체적으로 말하기

단순히 고맙다고만 하면, 상대는 정확히 무엇 때문에 감사를 받는 것인지 알기 어렵다. 무엇이 고마운지, 어떤 부분에 감사하는지 구체적으로 표현하는 것이 중요하다. 특히 직접 만나지 않고 이메일이나 메시지로 소통할 때는 이 점을 더욱 신경 써야 한다.

구체적인 표현 예시 

"오늘 역까지 데려다주셔서 고마워요."

"바쁘신 와중에 시간 내주셔서 감사합니다."

"아까는 좋은 분을 소개해주셔서 고마웠어요."

"맛있는 점심을 잘 먹었습니다."

"항상 저를 세심히 신경 써주셔서 감사합니다."

③ 은혜에 보답하는 마음으로 상대를 위한 일을 찾기

상대에게 감사하는 것뿐만 아니라, 상대가 감사할 만한 일을 찾아 실천해보자. 상대를 위해 물건, 지식, 정보, 사람 소개 등 내가 할 수 있는 것이 무엇인지 생각해보면 된다. 특별히 떠오르는 것이 없을 때는 "제가 도와드릴 일이 없을까요?"라고 직접 물어보는 것도 좋은 방법이다. 내가 경험한 고마운 일을 다른 사람에게도 해줄 수 있을지 생각하다 보면 자연스럽게 감사가 순환되기 시작한다.

지금까지의 내용을 정리하면 다음과 같다.

- 1단계: 마음속으로 고맙다고 생각한다.
- 2단계: 고맙다는 말을 직접 소리 내어 전한다.
- 3단계: 무엇이 고마운지 구체적으로 말한다.
- 4단계: 상대방이 고마워할 만한 일을 찾아 실천한다.
- 5단계: 자신이 겪은 감사한 일을 다른 사람에게도 해준다.

감사의 말 다섯 가지

✦

감사를 전하는 말에 "고맙습니다"만 있는 것은 아니다. "고맙습니다"는 여러 상황에서 사용할 수 있는 가장 무난한 표현이지만, 이 외에도 감사하는 마음을 전할 수 있는 표현은 다양하다. 이런 표현들을 알아두면 유용하다. 또한 "고맙습니다"만 반복해 사용하면 상대방이 식상하다고 느낄 수 있다. 직장 상사나 거래처 직원에게는 조금 더 격식을 갖춘 표현을 사용해야 감사의 마음이 더 잘 전해진다. 여기서는 다소 격식 있는 표현을 포함해, 일반적으로 감사의 마음을 잘 전할 수 있는 "고맙습니다" 외의 표현을 살펴본다. 참고로 괄호 안 표현은 윗사람에게 사용하기 적합한 표현이다.

① 진심으로 감사합니다(깊이 감사드립니다)

감사한 마음을 간단하고 솔직하게 전하는 표현이다. 윗사람에게도 사용할 수 있으며, 좀 더 정중하게 깊은 감사의 마음을 전하고 싶다면 "깊이 감사드립니다"라고 하면 된다.

② 모두 ○○님 덕분입니다

상대의 도움이나 지지 덕분에 좋은 결과를 얻었거나 상황이 원만하게 흘러갔을 때 전하는 감사 표현이다.

③ 도와주셔서 감사합니다(송구합니다, 감사할 따름입니다)

상대의 큰 도움이나 배려에 감사함을 전하는 동시에 약간의 미안한 마음을 담고 싶을 때 쓰는 표현이다. "송구하다" 같은 표현을 사용하면 동일한 마음도 더 정중하게 전달할 수 있다.

④ 정말 기쁘게 생각합니다(영광입니다, 몸 둘 바를 모르겠습니다)

"기쁘다", "영광이다"는 상대에게 특별한 기회나 평가를 받았을 때 쓸 수 있는 말이다. 이 말들로도 감사한 마음을 전할 수 있다. 좀 더 격식 있는 표현으로는 "몸 둘 바를 모르겠습니다"가 있다. 자신이 맡은 역할이나 직무를 수행하면서 다른 사람을 위해 힘쓸 수 있을 때, 기쁨과 감사의 마음을 함께 나타낼 수 있다.

⑤ 이렇게 격려해주시니 정말 큰 힘이 됩니다(분에 넘치는 말씀입니다)

상대의 응원, 격려, 칭찬이 자신에게 힘이 되거나 동기 부여가 되었을 때 쓰는 감사 표현이다. "분에 넘치는 말씀입니다"는 격식 있는 자리에서 과분한 평가나 칭찬을 받았을 때, 겸손과 송구스러움을 담아 사용할 수 있는 말이다.

감사를 한층 돋보이게 하는 한마디

✦

특정한 말을 쓰지 않아도, 표현을 약간 바꾸는 것만으로도 감사를 더 효과적으로 전할 수 있다.

① '도'를 더해 전하기

훨씬 호의적으로 감사를 전달할 수 있는 간단한 방법이 있다. 예시로 확인해보자.

구체적인 표현 예시 

"오늘 고맙습니다" → "오늘**도** 고맙습니다"

"오늘 밥, 맛있어요!" → "오늘 밥**도** 맛있어요!"

"오늘 옷차림 멋지네요!" → "오늘 옷차림**도** 멋지네요!"

늘 감사하고 있다는 마음을 좀 더 자연스럽고 친근하게 전달할 수 있다.

② 상대의 이름을 덧붙여 전하기

단순하지만 강력한 방법이다. 이름을 부르면 마음이 더 잘 전해진다.

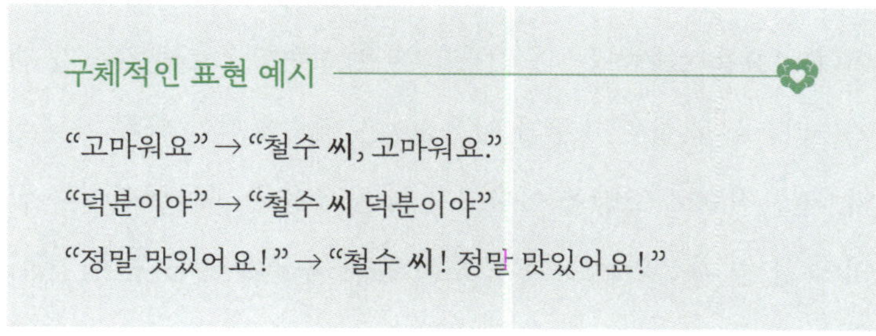
구체적인 표현 예시

"고마워요" → "철수 씨, 고마워요."

"덕분이야" → "철수 씨 덕분이야"

"정말 맛있어요!" → "철수 씨! 정말 맛있어요!"

"고맙습니다" 외의 감사 표현을 사용하거나 짧은 한마디를 덧붙이는 것만으로도 마음을 더욱 잘 전달할 수 있다. 또, 조금 더 세련되고 지적인 인상을 줄 수 있다.

감사는 그 순간에 바로 하는 것도 중요하지만, 시간이 지난 뒤에 다시 전하면 훨씬 더 강한 효과를 발휘한다. 예를 들어, 예전에 신세를 졌던 사람에게 시간이 꽤 흐른 뒤 감사하는 마음을 전하면, 만남이 수월하게 이어질 가능성이 크다. 사람은 자신에게 진심으로 감사하는 마음을 전해 온 상대를 소중히 여기기 마련이다.

꿈의 실현을 좌우하는 감사의 힘

✦

당신은 꿈이나 목표가 있는가? 질문을 하나 해보겠다. 그 꿈이나 목표를 실현하는 과정에서, 혹은 실현함으로써 감사가 생기는가? 소망 실현 욕구와 아욕我慾은 비슷하지만 다른 개념이다. 일반적으로 소망을 이루고자 하는 마음은 자아실현이나 꿈의 달성 등 자신의 성장과 목표를 향한 욕구를 말한다. 반면 아욕은 자기중심적인 욕구나 집착을 가리킨다. 꿈이나 목표를 달성하려면 다른 사람과의 협력이 필수적이다. 자기 자신만 생각하고 행동하는 사람은 응원받지 못하며, 결국 오래가지 못한다.

반대로 목표를 향해 나아가며 늘 주변에 감사하고, 감사받을 만한 행동을 하는 사람은 꿈을 실현하는 데 더 가까워지고 그 과정도 훨씬 수월해진다. 꿈이 실현되면 주변에 더 많은 감사가 생기고, 그 후의 모든 일도 자연스럽게 풀린다. '꿈을 이루고 싶다!'라고 생각하는 순간, 감사가 느껴지는가? 이는 실현 가능성을 좌우하는 중요한 요소다. 감사가 느껴지지 않는다면, 꿈과 목표는 단순한 야욕이 되어버린다.

일을 하면서 감사를 받지 못하는 상황이 반복된다면, 그 일은 결코 성공할 수 없다. 꿈이나 목표를 이루려면 감사하고 감사받는 과정이 매우 중요하다. "당신은 꿈을 이루고 행복한 삶을 살고 싶은가?"라는 질문에 "아니요"라고 답할 사람은 없을 것이다. 그렇다면 감사하는 것부터 시작해야 한다. 감사함으로써 행복한 삶이 시작된다. 행복하기 때문에 감사하는 것이 아니라, 감사하기 때문에 행복해지는 것이다.

베푸는 사람에게는 신용과 신뢰가 따라온다

✦

나는 과거에 큰 실패를 겪은 적이 있다. 사람들을 이어주는 교류회인 후쿠비키회 외에도 비즈니스 매칭을 할 때가 있었다. 원래 사람과 사람을 이어주거나 연결의 장을 만드는 것을 좋아하는 나에게는 숨 쉬듯이 자연스러운 일이었다. 단 한 사람과의 만남으로도 일과 인생이 완전히 달라질 수 있다는 점이 좋아 여전히 이 일을 계속하고 있다. 비즈니스 매칭에 신뢰와 신용이 필요한 만큼, 아무에게나 사람을 소개하지는 않는다. 신뢰는 상대방이 나를 믿고 의지해주는 것이고, 신용은 지금까지 쌓아온 경험과 인간관계를 활용하는 것이다. 함부로 소개했다가 문제가 생기면 나에 대한 신뢰와 신용을 모두 잃을 수 있다. 그래서 개별적인 비즈니스 매칭의 경우는 상대의 상황을 충분히 듣고 최대한 신중하게 컨설팅을 진행하고 있다. 이토록 신중해진 계기가 있다면, 앞서 말한 한 번의 큰 실패였다.

그전까지는 사람들을 연결해주기만 했다. 나는 전문 지식이 없었지만 지식이 있는 사람을 데려가서 다른 사람을 만났을 때, 그들이 기뻐하는 모습이 좋았다. 물론 이 일로 돈을 번 적은 없었다. 오히려 비용만 계속 들어간 셈이었다.

어느 날, 사람을 연결하는 것도 좋지만 이대로는 안 되겠다고 느꼈다. 그때 엄청난 지식과 정보력을 가진 A씨를 알게 되었다. A씨를 굉장히 재미있는 사람이라고 생각한 나는 곧바로 다른 사람에게 소개해주었다. 상담이 순조롭게 진행되어 큰 계약으로 이어졌고, 급기야는 상장 기업과의 계약 직전까지 갔다. A씨에게서 "내일이 최종 상담입니다"라는 연락도 받았다. "잘

됐네요. 제가 도움이 되어서 정말 기쁩니다!"라고 답한 뒤 다음 날 연락이 오길 기다렸다.

그런데 다음 날, 회의에서 큰 사건이 터졌다. 알고 보니 상담 상대인 상장 기업에 A씨를 아는 사람이 있었고, A씨가 유명한 사기꾼이라는 사실이 드러난 것이다. 다행히도 상담은 바로 취소되었다. 그 연락을 받은 나는 머릿속이 하얘졌다.

사람들은 "다시로 씨가 소개해준 사람이니까" 하며 A씨를 믿었다. 나는 마음속으로 생각했다. '사람들이 기뻐할 만한 일을 하고 있다고 생각했는데, 오히려 민폐를 끼치고 있었구나', '내 탓이다', '돈도 잃고 신뢰도 잃었다'. 어떻게 해야 할지 전혀 감이 잡히지 않았다. 그렇게 바닥까지 떨어져 우울해져 있던 나에게 한 달 전쯤 만났던 사업가 B씨의 메일이 도착했다. 메일에는 "저희와 영업 위탁 계약을 체결해주시겠습니까?"라고 적혀 있었다. "그게 무슨 말씀이시죠?"라고 답하자 곧바로 전화가 걸려왔다.

"안녕하세요, 다시로 씨. 지난번에는 정말 감사했습니다. 덕분에 저희 매출이 300만 엔 이상 오를 것으로 전망합니다. 보답을 하고 싶은데요. 영업 대행이라는 명목으로 매달 매출의 20%를 드리고 싶습니다."

나는 전혀 기억이 나지 않아 대답했다.

"네? 아닙니다. 저는 아무것도 한 게 없습니다…."

하지만 B씨는 이렇게 말했다.

"다시로 씨의 신용과 소개가 있었기 때문에 가능했던 일입니다. 감사한 마음을 전하는 것이니 꼭 받아주십시오. 앞으로도 잘 부탁드립니다."

깜짝 놀라기도 했지만 한편으로는 너무 기뻐서 펄쩍 뛰었다. 심지어 소개한 것조차 잊고 있었는데 말이다. 그 순간 잃었던 자신감을 되찾았다. '그동안 수많은 사람을 연결해준 게 헛된 일은 아니었구나', '내가 모르고 있었을 뿐, 이렇게 기뻐하는 사람들도 있었구나'라는 생각이 밀려왔다.

이 사건을 계기로 개별 비즈니스 매칭에는 더욱 신중을 기하게 되었다. 소개란 단순한 연결이 아니라 나의 신뢰와 신용을 담보로 하는 가치임을 배웠기 때문이다. 많은 사람을 연결하다 보니, 아까 말한 사업가처럼 영업 위탁 계약, 컨설팅 계약이라는 명목으로 고마움을 표현하는 사람이 하나둘 늘어났다. 감사할 줄 아는 사람들과 함께할수록 회사 역시 점점 성장해나갔다.

주는 것의 3대 법칙

✦

주는 행동에도 여러 방식이 있다. '이런 것도 주는 거라고?' 하고 생각할 만큼 의외의 방법도 있고, 오히려 상대에게 부담이 되는 행동도 있다. 지금부터 확실하게 감사를 받을 수 있는, 주는 방법에 대해 이야기해보자.

① 상대의 이야기를 웃으며 들어주기

상대의 이야기를 들어주기만 했을 뿐인데 "들어줘서 고마워"라고 말하는 사람이 있다. 사실 이야기를 듣는 것도 주는 행동에 속한다. 비교적 실천하기 쉽고 간단하지만 효과는 매우 크다.

② 내가 줄 수 있는 것 중에 상대가 좋아할 만한 것을 생각하기

사람은 자신이 원하는 것을 받으면 기뻐하며 마음을 연다. 반대로 원하지 않는 것을 받으면 전혀 기뻐하지 않고, 오히려 오지랖으로 여길지도 모른다. 무언가를 줄 때는 상대의 필요 여부를 살피는 것이 중요하다. 우리는 물질뿐만 아니라 경험과 지식도 줄 수 있다. 잘된 일이나 실패한 일 같은 실제 경험, 지식이나 정보, 기술, 책, 영화, 방문했던 장소 이야기 등 상대에게 도움이 되는 것이라면 무엇이든 공유하면 된다. 제안을 거절하거나 이해하지 못할까 봐 걱정할 필요는 없다. 받아들이는 것은 사람마다 다른 법이니 일단 정보를 공유해보자. 상대가 관심을 보이지 않아도, 상대의 지인 중 공감 포인트가 있는 사람에게 전달될지도 모르기 때문이다.

비슷한 경험을 공유하는 것만으로도 상대는 기쁨을 느낀다. 이는 친밀감과 신뢰감을 깊게 한다. 사람을 소개하는 것 역시 주는 행동이다. 소개를 통해 양쪽 모두에게 감사를 받게 되며, 소개를 계속 이어 나가다 보면 나 역시 자연스럽게 사람들을 소개받게 된다. 이렇게 연결이라는 무형의 자산이 쌓인다. 업무적인 매칭뿐만 아니라 가치관이 비슷한 사람이나 같은 목표를 가진 사람을 연결하는 것도 큰 감사를 받을 수 있는 중요한 포인트가 된다.

③ 대가를 바라지 않기

처음부터 대가를 기대하며 나누면 안 된다. 평소에 가지는 나눔의 자세가 언젠가는 나에게 돌아온다. 우선, 내가 상대에게 무엇을 해줄 수 있을지 생각해보자. 모든 것은 주는 행동에서 시작된다. 진심 어린 행동은 상대의 마음을 연다. 주는 기쁨을 느끼다 보면, 그것은 자연스럽게 습관이 된다.

행복해지고 싶다면, 다른 사람을 먼저 행복하게 하라.

늘 기분 좋게 지내고 싶다면, 다른 사람에게 활력을 주라.

칭찬받고 싶다면, 다른 사람을 먼저 칭찬하라.

친절을 받고 싶다면, 다른 사람을 친절하게 대하라.

지식을 얻고 싶다면, 가르치는 입장이 되어보라.

응원받고 싶다면, 다른 사람을 먼저 응원하라.

진심으로 감동하고 싶다면, 다른 사람을 먼저 감동시켜라.

성공하고 싶다면, 다른 사람의 성공을 도와라.

사랑받고 싶다면, 다른 사람을 사랑하라.

부탁만 하는 사람이었던 나

가바사와 시온

처음 만난 자리에서 갑자기 부탁이나 영업을 하는 사람은 파티, 비즈니스 교류회, 커뮤니티 등 어디에서나 기피 대상이다. 다른 사람의 기분을 전혀 고려하지 않기 때문에 자신의 행동이 거북하게 여겨진다는 사실조차 모르는 경우가 많다. 솔직히 고백하자면, 나 역시 예전에는 부탁만 하는 사람이었다. 하지만 감사를 만드는 방법을 알게 된 지금, 나 자신을 반면교사 삼아 어떻게 과거의 나처럼 부탁만 하던 사람이 감사의 힘을 깨닫고 활용하게 되었는지, 또 주는 사람으로 새롭게 거듭날 수 있었는지를 공개하려고 한다. 지금부터 생생한 실천 사례를 통해 알아가보자.

베스트셀러 작가의 흑역사

✦

2009년, 나는 첫 비즈니스 도서인 『정신과 의사가 알려주는 1억 버는 사람의 심리 전술』을 출간했다. 당시 나는 비즈니스 심리학이라는 5만 부 규모의 뉴스레터를 발행하고 있었는데, 인기 기사만 모아 만든 책이라 상당히 자신 있던 작품이었다. 2007년 미국 유학에서 돌아와 마침내 얻은 비즈니스서 출판 기회였다. 더 많은 사람에게 전해 꼭 성공시키겠다는 의욕으로 가득 차 있었다. 그래서 만나는 사람마다 "이 책은 훌륭한 책이에요!", "꼭 사주세요", "꼭 소개해주세요"라고 말했다. 처음 만난 사람에게도 그렇게 했으니, 지금 생각하면 전형적인 부탁만 하는 사람의 모습이었다. 돌아보면 쥐구멍에라도 들어가고 싶을 만큼 부끄럽다. 책의 장점과 매력을 전달하고 있다고 생각했지만, 사실 그건 단순한 영업일 뿐이었다. 당연히 책을 사주는 사람도 없었고, 소개해주는 사람도 없었다. 당시에는 이 책을 더 많은 사람에게 전하고 싶다는 조급한 마음만 있었기에, 상대 입장에서 생각할 여유가 전혀 없었다. 머릿속에는 내 일로만 가득 차 있었다. 말 그대로 아욕의 상태였다.

그 후, 나는 비즈니스 작가, 병아리 작가, 독서 애호가 등이 모이는 커뮤니티에 정기적으로 참여하게 되었고, 자연스레 동료들이 늘어났다. 동료 중 누군가 신간을 내면 다 함께 응원했고, 그 덕에 아마존 종합 1위를 하기도 했다. 원래 독서를 좋아하던 나는 한 달에 20권 이상 책을 읽었고, 독서 감상문을 뉴스레터에 담아 보냈다. 그러면서 동료 저자들의 신간을 의식적으로 계속 소개하기 시작했다. 그렇게 하자 동료들도 내 책을 소개해주기 시작했다. 딱히 보답을 바라고 한 일은 아니었다. 단지 동료를 응원하자는 작은 행동을 쌓아가다 보니 많은 사람에게 책이 소개되었고, 책이 팔리는 더 큰 응원의 행동이 돌아오고 있음을 깨달았다.

현재 나는 누계 260만 부의 베스트셀러 작가가 되었는데, 많은 사람의 응원 덕분에 여기까지 올 수 있었다고 생각한다. 신간이 나올 때마다 구매하는 팬과 소개해주는 동료 저자, 여러 인플루언서, 내가 운영하는 커뮤니티(유튜브 멤버십, 웹 심리학원)의 모든 분에게 진심으로 감사드린다. 자신의 책을 소개받고 싶다면, 먼저 자신이 상대의 책을 소개해야 한다. 곰곰이 생각해보면 당연한 일이다. 하지만 다급한 사람이나 열심히 하는 사람일수록, 그 당연함을 깨닫지 못할 때가 있다. 열심히 할수록 오히려 부탁만 하는 사람이 되어버리는 악순환에 빠지기도 한다. 자신이 부탁만 하는 사람은 아닌지, 상대에게 먼저 주고 있는지를 다시 확인해보자. 생각만으로는 자신의 행동을 정확히 파악하기 어렵다. 하루의 끝에 감사 일기나 친절 일기를 쓰면서, 다른 사람에게 받은 '주는 행동'과 자신이 한 '주는 행동'을 꼼꼼하게 되돌아보는 것이 중요하다.

상대가 가장 기뻐할 일을 하자

✦

상대가 가장 기뻐할 일을 제안하자! 그러면 상대는 분명히 기뻐할 것이다. 하지만 상대가 무엇을 원하는지 알아내는 것은 어렵다. 2009년부터 출판 동료였던, 『나는 아침마다 삶의 감각을 깨운다』(21세기북스)의 저자이자 비즈니스 컨설턴트 고토 하야토 씨와 나는 무명 시절부터 함께해온 사이이다. 고토 씨에게는 신간이 나올 때마다 책을 보내는데, 그는 반드시 발매일 오전 중에 페이스북에 글을 올려 내 책을 소개해준다. 그의 게시물을 보고 '아! 오늘이 발매일이었지' 하고 떠올릴 때도 있었다.

이런 일이 10년 넘게 계속되고 있다. 정말 기쁜 일이다! 이 주는 행동을 받으면서, '아, 나도 최적의 타이밍에 책을 소개해야겠다'라고 다짐했다. 단순히 소개만 하는 것으로는 부족하다. 출간 당일이나 책이 지역 서점에 진열된 지 3일 후, 아마존 랭킹에 올라올 때 추가로 응원하는 등 저자로서 내가 받으면 기쁠 일이 있다. 그것을 상대에게 해주면 된다. 최근에는 자연스럽게 '상대가 가장 기뻐할 일을 하자!'라는 발상을 할 수 있게 되었지만, 처음에는 쉽지 않았다. 내가 받으면 가장 기쁠 일은 떠올리기 쉬우니, 일단 거기서부터 시작하면 된다.

더 나아가, 나는 주는 행동의 선수가 되려고 노력한다. 서점에서 아는 사람의 신간을 발견하면 직접 구입해 출간 첫날에 소개하는 식이다. 부탁을 받고 소개하는 것은 당연하지만, 부탁을 받지 않아도 소개한다. 그것도 가능한 한 최고의 타이밍에. 그러면 상대는 페이스북이나 X 타임라인에서 우연히 발견하고 기뻐하며 놀란다. 상대가 기뻐할 모습을 상상하면 나도 즐거워진다. 이처럼 항상 주는 행동에 초점을 맞춰 생각하는 습관을 들이면, '~하면 기뻐하겠지'라는 아이디어가 계속해서 떠오른다. 의식하지 않아도 주는 행동을 할 수 있고, 자연스럽게 행동하게 된다. 이것도 감사하는 뇌의 상태다.

✦ 6장 ✦

감사하는 뇌 실천 워크

감사 일기의 놀라운 효과

다시로 마사타카

여기서부터는 실제로 내가 주최하는 '고맙습니다 워크'나 '고맙습니다 합숙'에서 실천하는 방법 중, 특히 효과가 높은 것들을 소개한다. 그중 최고는 단연 감사 일기다. 매일 감사한 일을 되돌아보는 단순한 방법이지만, 효과는 최상급이다! 다음은 감사 일기를 쓴 사람들에게 나타난 변화의 사례다.

"감사를 찾다 보니, 스스로에게 감사한 마음이 생겼어요. 또, 나를 더 사랑하게 되었어요."(36세, 여성)

"감사 일기를 계속 쓰다 보면, 어느 순간 깨닫게 됩니다. 사실 우리에게는 처음부터 24시간 365일 항상 감사할 수밖에 없는 일들만 일어난다는 것을요. 겉보기에는 부정적으로 보이는 일조차, 감사함을 충분히 느낄 수 있는 소중한 경험임을 알게 되었습니다."(62세, 남성)

이처럼 감사 일기를 꾸준히 쓰면, 세상을 바라보는 관점과 경험을 받아들이는 방식이 완전히 달라질 정도의 큰 변화를 얻을 수 있다.

다른 사람의 감사 일기로 깨달음이 빨라진다

✦

'100만 명의 고맙습니다 프로젝트'에서는 다른 사람들이 쓴 감사 일기를 서로 볼 수 있도록 한다. 다른 사람의 매일 감사 기록을 보면서, "그것도 감사할 일이구나!" 하고 다양한 관점을 깨닫고, 이를 자신에게도 적용할 수 있다. 감사 일기를 꾸준히 쓰며 일상에서 감사할 수 있게 되면, 매일의 생활이나 업무 속에서도 사소한 친절을 알아차릴 수 있다. 친절을 발견하면 또 다른 감사가 자연스럽게 생겨난다.

예를 들어, 길거리에서 쓰레기를 줍는 사람이나 청소하는 사람을 보면, “청소해주셔서 감사합니다”라는 한마디가 자연스럽게 나온다. 그 한마디로 친밀감이 생기거나, 새로운 교류가 시작되기도 한다. **감사를 기다리는 것이 아니라, 자신이 자발적으로, 의식적으로 표현함으로써 웃음이 생기고 사람들과의 연결이 만들어진다.** 감사 일기는 바로 이런 감사를 능동화하기 위한 도구다. 이후 이어지는 가바사와 선생님의 감사 일기 작성법과, 감사 프로젝트에 참여한 사람들의 실례를 참고하면, 직접 실천해보는 데 큰 도움이 될 것이다.

감사 일기 쓰는 법

가바사와 시온

다른 사람에게 아무리 감사하자고 말해도, 실천하기가 쉽지 않을 수 있다. 대부분의 사람은 간단해 보이는 이 행동을 좀처럼 하지 못한다. 그래서 감사하기의 첫걸음으로 감사 일기를 쓰는 것을 권한다. 2장에서 소개한 감사 개입 연구에서는 대부분 피험자에게 감사 일기를 쓰게 했다.

감사 일기를 통해 행복도가 크게 올라간다는 사실을 처음 보고한 캘리포니아대학교 심리학 교수 로버트 에몬스 박사는 1,000명 이상의 사람이 10주간 감사 일기를 쓴 결과, 다음 표와 같은 효과가 나타났다고 발표했다. 단 10주간 감사 일기를 쓰는 것만으로도 이런 효과를 얻을 수 있으니, 하지 않으면 무조건 손해인 셈이다.

감사 일기의 가장 큰 장점은 상대가 필요 없다는 것이다. "누군가에게 감사하다"가 아니라, 자신과 마주하며 마음속에 있는 감사를 떠올려 기록하기만 하면 된다. 하루 종일 집에서 한 발짝도 나가지 않아도, 사람을 만나지 않아도 감사 일기를 쓸 수 있다. 예를 들어 "오늘도 세 끼 밥을 먹을 수 있어서 감사합니다", "오늘 하루 건강하고 쾌적하게 지낼 수 있어서 감사합니다", "특별한 문제도 없고, 일이 순조롭게 진행되어 고맙습니다"

감사 일기의 절대적 효과

신체적 효과	• 면역력 향상 • 통증 완화 • 혈압 저하 • 운동 시간이 늘어나며 건강에 더 신경 쓰게 됨 • 수면 시간이 길어지고, 아침에 상쾌하게 깸
심리적 효과	• 긍정적 감정 증가 • 더 주의 깊고 각성된 상태가 됨 • 즐거움과 기쁨을 쉽게 느끼게 됨 • 낙관적으로 변하고, 행복감 증가
사회적 효과	• 타인을 돕고, 자비로워짐 • 타인의 잘못에 관대해짐 • 외향적으로 변함 • 고립감과 외로움 감소

(『세 가지 행복』에서 인용)

가 있다. 평범한 하루 속에도 감사할 일은 반드시 있다.

감사 일기 쓰는 방법

✦

감사 일기는 쓰는 시간과 내용에 따라 효과가 달라진다. 지금부터 감사 일기의 효과를 극대화하는 방법을 알려주겠다.

감사 일기 쓰는 법

1. 자기 직전에 쓴다.
2. 종이 노트에 쓴다.
3. 오늘 감사함을 느낀 일 세 가지를 떠올리며 쓴다.
4. 처음에는 짧아도 된다. 한 개에 한 줄씩 최소 세 줄이면 된다.
5. 감사 일기 내용을 떠올리며 잠든다.
6. 일단 4주 동안 꾸준히 계속한다.

감사 일기는 자기 직전에 쓰는 것이 좋다. 잠옷으로 갈아입고 양치질과 세수까지 마친 후, 잠자리에 들 준비를 하고 나서 감사 일기 전용 노트에 쓴다. 스마트폰에 남기고 싶은 사람도 있겠지만, 연필이나 펜으로 종이 노트에 쓰는 편이 훨씬 좋다. 손으로 글씨를 쓰면 뇌에 강한 자극이 가해져 더 높은 효과를 기대할 수 있다. 또 스마트폰의 블루라이트도 피할 수 있다. 오늘 있었던 감사한 일 세 가지를 적는다. 꼭 길게 쓸 필요는 없다. 처음에는 짧아도 괜찮다. 한 개에 한 줄, 최소 세 줄이면 충분하다. 세 줄이면 3~5분 안에 끝낼 수 있다. 길게 쓰려고 하면 지속하기 어렵다. 더 길게 써도 문제는 없지만, 15분을 넘기지 않도록 한다.

감사하는 행위는 세로토닌과 도파민 분비를 활성화한다. 처음부터 너무 긴 글을 써버리면 도파민이 과도하게 분비되어 지나치게 들뜬 상태가 된다. 이는 오히려 수면을 방해한다. 감사 일기를 통해 은은하게 즐거운 정도로 기분을 맞추는 것이 좋다.

일기를 쓰고 나면 바로 이불 속으로 들어가, 적어둔 내용을 떠올리며 감사하는 마음을 그대로 간직한 채 잠들어야 한다. 그렇게 하면 오늘 있었던 실수나 불쾌했던 일을 되새기지 않을 수 있다. 자기 전에 생각한 것이 가장 오랫동안 기억에 남는다고 한다. 수면 중에 기억이 정리되어 뇌에 정착하기 때문이다. 잠들기 전에 감사하면서 긍정적인 마음으로 잠들면, 그 감정이 당신의 기억으로 자리 잡는다. 기억들이 쌓이면 당신의 성격이 되기도 한다. 감사의 기억이 쌓이면 자존감이 높아지고 진취적인 성격으로 변할 수 있다.

자기 직전에 불안이나 부정적인 일을 떠올리는 사람은 기억이 실패 경험으로 가득 찬다. 그 결과 자신감이 사라지는 동시에 자존감도 떨어지고 만다. 다른 책에는 잘 나오지 않지만, 감사 일기를 쓰는 것 못지않게 중요한 것이 감사와 긍정적인 감정을 그대로 유지하며 잠드는 것이다. 매일 감사 일기를 써도 불안과 실패를 생각하며 잠드는 사람은 감사 일기의 효과를 경험하지 못한다.

당신의 뇌에 감사의 경험과 감정, 긍정적인 경험과 감정을 더하기 위한 의식이 바로 감사 일기다. 일기를 쓰는 데 5분도 걸리지 않으니 가능하면 매일 계속하자. 일기 쓰기를 통해 수면의 질이 개선된다는 연구가 많다. 수면을 깊게 하면 몸과 마음의 건강을 얻을 수 있고, 다음 날도 높은 성과를 내며 일할 수 있다. '단 3분의 감사 일기로 푹 잘 수 있다!'라고 생각하면 이보다 더 값진 시간 투자는 없다. 에몬스 박사의 연구에서는 감사 일기를 쓰기 시작한 지 10주 만에 매우 높은 효과가 있었다는 결과가 보고되었다. 그 외 연구에서도 1~3개월 동안 실시한 경우가 많으니, 최소한 한 달은 계속하자.

3가지 감사 워크 추가하기

✦

감사 일기를 막 시작한 사람들은 "감사할 일이 떠오르지 않는다", "한 줄도 못 쓰겠다" 하는 경우가 많을 것이다. 그럴 때는 뒤에 나오는 감사 일기 사례를 읽어보는 것이 좋다. 어떤 식으로 쓰면 되는지 이해할 수 있을 것이다. 1~2주 정도 감사 일기를 이어 가고 나면 '생각보다 쉽네'라는 생각이 들 것이다. 무언가 부족하다고 느껴지기 시작하면, 감사 일기에 세 가지 감사 워크를 추가해보자.

세 가지 감사 워크란 하루에 세 번 누군가에게 감사하고, "고마워"라고 말하는 일이다(나는 예전부터 감사 워크라고 제안해왔지만, 이 책에서는 더 넓은 의미의 감사 워크와 구별하기 위해 세 가지 감사 워크라고 부르겠다). 마음속으로 감사하다고 느끼고, 그 감사한 마음을 "고마워"라는 말로 언어화해 상대에게 전하는 것이다.

감사 일기는 당신의 의식을 변화시킨다. 만약 감사 일기에 더해 세 가지 감사 워크까지 하면 당신의 행동이 변할 것이다. 감사하는 마음을 품는 것만으로도 행복을 주는 뇌 내 물질이 분비되지만, "고마워"라고 말로 표현하면 뇌과학적인 효과가 몇 배 더 강하게 나타난다. 고맙다는 말을 하기가 어렵거나 쑥스러운 사람은 문자나 채팅으로 보내도 좋다. 문자로 감사를 전해도 직접 얼굴을 보고 말하는 것과 비슷한 효과를 얻을 수 있다는 연구 결과도 있다. "오늘 ~해줘서 고마워"라는 메시지라면 쉽게 쓸 수 있을 것이다. 어쩌면 이미 쓰고 있을지도 모른다. 그것을 떠올려서 일기에 적으면 된다. 예를 들어 "A씨가 서류 정리를 도와줘서 정말 도움이 되었다. A씨, 정말 고마워요. 메시지로도 고맙다고 전했다"라고 쓰면 된다. **감사하는 마음만 품었는지, "고마워"라고 직접 말했는지. 둘을 구분해서 쓰는 것이 상급 단계의 쓰기 방식이다.**

감사의 마음: 배우자가 쓰레기를 버려줘서 감사했다.

감사의 언어화: 배우자가 쓰레기를 버려줘서 "고마워"라는 메세지를 보냈다.

감사하는 마음만 품었을 때와 비교하면, 감사를 언어화했을 때의 효과는 세 배나 높다. 그렇다면 이미 감사하는 마음이 있는 상황에서 "고마워"라고 말하지 않는 것은 매우 아까운 일이다. 감사하는 마음 세 가지를 적던 감사 일기에 감사의 언어화를 하나씩 늘려가보자. 하루 세 번 "고맙다"라고 말하고 감사 일기의 세 줄이 모두 "고맙다고 말했다"로 채워진다면, 당신은 이미 감사하는 뇌를 얻은 것이다.

감사 일기 응용 편

✦

한 달 이상 감사 일기를 꾸준히 쓰다 보면, 너무 쉽게 써져서 무언가 부족하다는 생각이 들 것이다. 틀에 박혀 지겹다고 느낄 수도 있다. 그럴 때는 다음과 같은 응용 워크를 도입해보자. 난도가 높아지는 동시에 일기의 효과도 더욱 커진다.

① 의식적으로 고맙다고 말하기

고맙다는 말이 자연스럽게 나오면 좋겠지만, 처음에는 어려울 수 있다. 그럴 때는 의식적으로 "고마워"라고 말해보자. 감사 일기에 쓰기 위함이라는 목적만으로도 괜찮으니 작은 친절에도 "고마워"라고 말하고, 그것을 일기에 기록해보자. 일주일만 계속하면 의식하지 않아도 "고마워"라는 말이 술술 나오게 될 것이다.

② 일곱 가지 감사 쓰기

감사하는 뇌에 적응하고 나면 감사하는 일 세 가지 정도는 쉽게 쓸 수 있다. 그렇다면 이제 더 많이, 일곱 가지 감사를 써보자. 일곱 가지를 쓰는 일은 매우 어렵기 때문에 하루 일과를 세밀하게 되돌아봐야 한다. 이는 자연스럽게 자신의 내면을 들여다보는 훈련이 된다.

③ 감사한 일을 길게 쓰기

한 줄로 부족한 사람은 감사한 일 하나를 세 줄, 다섯 줄로 자세히 써보는 것도 좋다. 혹은 400자 이상으로 길게 써보는 것도 좋다. 이것은 관찰력 훈련이 될 뿐만 아니라 상대의 마음을 헤아리는 과정에서 공감 훈련도 된다. 다만 잠들기 직전은 피하는 편이 좋다. 뇌가 과도하게 활성화되어 숙면을 방해할 수 있다.

④ 감사받은 일 쓰기

내가 감사한 일뿐만 아니라 누군가에게 감사받은 일을 적는 것도 좋다. 예를 들어, “복사하는 것을 도와줬더니, A가 고맙다는 말을 해주었다”와 같은 방식이다.

⑤ 친절 일기 도입하기

감사 일기의 심화 단계로 친절 일기가 있다. 하루에 세 번 사람들에게 친절을 베풀고 기록하는 것이다. 감사하면 세로토닌, 도파민이 분비되고, 사람에게 친절을 베풀면 옥시토신이 분비된다. 감사 일기에 친절 일기를 더하면, 세 가지 행복 물질이 모두 분비되는 셈이다. 친절 일기를 쓰는 방법은 『세 가지 행복』에서 자세히 설명하고 있다. 그럼, 감사 일기의 실제 사례를 보도록 하자.

감사 일기 예시

아카마쓰 다카히로(감사 일기 경력 2년 8개월)

- 오늘은 월말이라 여러모로 바빴는데, 밥 먹을 시간이 없을 것 같다고 생각했는지 아내가 주먹밥을 챙겨줬다! 기뻤다! 고맙다!
- 답례 선물을 보냈더니 감사의 전화가 왔다! 나도 덩달아 기뻤다! 감사합니다!
- 아예 모르는 사람이지만 매일 아침 현장에 갈 때마다 마주

치는 분이 있다. 먼저 인사를 해주셔서 나도 인사를 했다. 기분이 좋았다! 고맙다!

감사 일기를 통한 깨달음

눈앞에서 일어나는 모든 일에는 의미가 있다고 생각한다. “만사 긍정, 만사 감사”라는 말을 실감하기도 했다. 매일 사소한 일에 감사하며 “고맙다”라는 말을 전하면 그 마음은 다시 돌아온다. 그렇게 생각하고 말함으로써, 일상의 소중함을 알아채는 힘을 기를 수 있다고 느꼈다. “고마워”를 전함으로써 그 가치가 더욱 커진 것이다. 가까운 사람이나 사물, 우연한 일에 감사하면 자연스럽게 긍정적인 감정이 생기고 주변 사람들과의 관계도 좋아진다. 또, 감사하는 마음은 점점 퍼져 나가 상대도 기뻐하고, 더 좋은 일이 돌아오는 순환이 만들어졌다. “고맙다”라는 말들이 쌓여 매일의 삶을 풍요롭게 하고, 마음에 평온한 행복감을 가져다준다고 깊이 깨달았다.

에구마 요코(감사 일기 경력 3년)

- 시시각각 변하는 아름다운 하늘, 아름다운 달, 고맙다.
- 페이스북에 올린 글을 보고 친구가 연락을 주어 만나게 되

었다(며칠 전부터 얼굴이 떠올랐다고).

- 기존 일정을 취소하고 나 자신과 대화했다. 휴식을 취할 수 있었다.

감사 일기를 통한 깨달음

써놓은 것들을 나열해보니, 내가 무엇에 감사와 기쁨을 느끼는지, 그동안 어떻게 변해왔는지를 실감할 수 있었다. 또 내면을 언어로 표현하는 연습을 했다고 느꼈다. 타이밍을 재거나 망설이다가 표현하지 못했던 생각을 솔직히 전하는 일이 많아졌다. 보호받고 있다는 느낌, 사랑받고 있다는 느낌, 결국 잘 풀릴 것이라는 느낌으로 살아가는 매일이다. 곤란한 일이 생겨도 '이 정도로 끝나서 다행이다', '다음에 잘 활용하자'라는 생각이 점점 강해졌다.

미네 후미코(감사 일기 경력 3년)

- 아침에 빨래한 것이 잘 말라 그날 바로 정리할 수 있었다. 날씨가 맑고 빨래가 잘 말라줘서 고맙다.
- 친구와 함께 맛있는 점심을 즐겼다. 초대해준 친구에게 고맙다.

- 언제나 지켜봐주고 있다는 느낌이 든다. 하고 싶은 일을 할 수 있음에 감사한다. 고마워.

감사 일기를 통한 깨달음

어느 날, 감사 프로젝트에서 "소면이 맛있었음"이라는 게시물을 보고 큰 충격을 받았다. 그동안 나는 거창한 일만 찾아다니며 스스로에게 부담을 주고 있었다. 일상의 당연한 일들이 행복이라는 것을, "고맙다"라는 말로 하루를 가득 채울 수 있다는 것을 깨달았다.

가스미카와 요코(감사 일기 경력 1년 3개월)

- 아침에 모닝커피를 사서 회사에 도착했더니, 종이컵에 "늘 웃는 얼굴 고마워요"라는 메시지가 적혀 있었다. 마음이 따뜻해졌다. 고맙다.
- 직장 건물 화장실에 쓰레기가 떨어져 있어서 주웠다. 아, 맞다! 지금까지 신세를 진 건물 화장실에 감사하는 마음을 담아 화장실 청소를 해야지. 고맙다.
- 거래처 분이 "분위기가 달라졌네요! 전보다 더 밝아지셨어요"라고 말해주셨다. 감사하는 마음으로 지내면 자연스

럽게 웃는 얼굴이 된다. 고맙다.

감사 일기를 통한 깨달음

감사하는 마음을 의식하기 시작한 뒤, 나의 행복도는 크게 향상되었다. 모든 일에 진심으로 고맙다고 느끼면서 마음이 평온해지고, 긍정적인 마음으로 하루하루를 보낼 수 있게 되었다. 이전에는 힘든 일이나 예상치 못한 상황에서 불안이나 스트레스를 많이 느꼈지만, '무슨 일이 있어도 괜찮다'라는 마음가짐을 기르면서 사물을 대하는 방식이 달라졌다. 이제는 어떤 상황에서도 감사를 잊지 않고 "고맙다"라고 말할 수 있는 자신이 자랑스럽다.

노다 세이고(감사 일기 경력 3년)

- 근사한 사우나에서 여유롭고 호화로운 시간을 보낼 수 있어 행복했다. 고맙다!
- 친구의 아이가 배스 낚시를 가르쳐줘서 공부가 되었다. 고맙다!
- 오늘도 맛있는 맥주를 마셨다. 고맙다!

감사 일기를 통한 깨달음

일상생활에 "고맙다"라는 말을 들인 지 3년이 넘었다. 지금까지는 그냥 지나쳤던 사소한 부분까지도 감사함으로 바뀌어 모든 것이 충만한 삶을 살게 되었다. "고맙다" 덕분에 매일 모든 것이 충족되어 행복하다.

다나카 지호미(감사 일기 경력 4년 9개월)

- 자동차 1년 정기 점검. 이상이 없어서 안심했다. 언제나 나를 안전하게 데려다줘서 감사하다. 고맙다.
- 백화점에서 문구 용품을 구경했다. 많은 사람의 아이디어로 삶을 편리하게 해주는 물건이 만들어진 것에 감사하다. 고맙다.
- 최근 내 주변 사람들이 대활약하고 있다. '다음은 내 차례일까' 하고 상상하면 무척 기뻐진다. 고맙다.

감사 일기를 통한 깨달음

사물을 바라보는 방식이 바뀌면서, 모든 사건을 부정적으로 해석하는 습관이 사라지기 시작했다. 문제라고 생각했던 것이 문제로 느껴지지 않게 되고, 내가 즐겁고 행복하다고 생각하는 삶을 스스로 선택할 수 있다고 여기게 되었다. 내가 운이 좋은 사람이 된 건, 분명 감사 일기 덕분이라고 생각한다.

오기하라 시노부(감사 일기 경력 3년)

- 어머니와 즐겁게 통화했다. 건강하게 지내주셔서 고맙다.
- 우리는 우주에서 가장 운이 좋다! 신호 대기 중에 본 앞차 번호판이 7777이었다. 좋은 일이 일어날 것 같은 예감이다. 고맙다.
- 올해도 집에서 매실 장아찌를 담글 수 있었다. 자연의 은혜에 감사하다. 고맙다.

감사 일기를 통한 깨달음

바깥세상에서 감사할 일들을 찾다 보니 나 자신에게도 감사하는 마음이 생겨 스스로를 사랑하게 되었다. 자기부정이라는 족쇄가 풀리면서 이제는 무슨 일이 일어나도 '모든 것이 잘 흘러가고 있다'라고 생각한다. 큰 오점으로 여겼던 실패도 내 인생의 경험치를 쌓기 위해 필요한 과정으로 받아들이게 되었다. 감사 일기를 계속 적다 보니 뇌가 무의식적으로 감사를 찾기 시작했다.

다카기 미나에(감사 일기 경력 3년)

- 남편과 여러 이야기를 하며 사과의 말을 건넸다. 이건 대단한 일이다. 감사합니다.
- 피검사 수치를 보니 신장 기능이 회복된 것 같다! 감사합니다.
- 아침에 눈을 떴을 때 한 지붕 아래 아들 셋과 함께 있다는 게 꿈만 같다. 감사합니다.

감사 일기를 통한 깨달음

나는 유방암으로 암세포가 림프절, 쇄골, 양쪽 폐, 뼈로 전이된 상태였다. 3년 동안 '고맙습니다 합숙'에 두 번 참가해 날마다 행운과 감사할 일을 찾아왔다. 누워 있는 시간이 늘면서 "고마워"라는 말을 되풀이하는 시간도 늘었고, "고마워"를 전하는 구체적인 대상을 늘리면서, 세 줄 일기가 충실해졌다고 생각한다. 뼈에 전이된 암세포는 사라졌고, 신장 기능도 회복되었고, 혈액 검사에서는 종양 표지자 외에는 이상이 없었다. 육체와 함께 정신적으로도 안정되었고, 매일 자신과 마주하며 많은 깨달음을 얻고 있다. 이번 2주간의 도전으로 남편과의 관계도 달라졌다. 게다가 마음이 떠나 뿔뿔이 흩어져 있던 아이들이 모였으면 하는 나의 염원이 이루어져, 몇 년 만에 다시 한 가족이 되었다. 진심으로 바라던 소원이 이루어졌다. 고맙다. 겉으로 보기에는 부정적인 일에도 여러 보물이 숨어 있었다.

안도 사치코(감사 일기 경력 1년 9개월)

- 수험생 시절 신세를 졌던 대학교수님께서 축하한다고 말씀해주셨다. 나를 기억하고 계신 것에 놀랐고 정말 기뻤다. 고맙다. 오늘도 고맙다!
- 짐을 다시 배송해주신 분이 아주 친절하고 상냥해서 기뻤다. 고맙다.
- 옷장을 정리했더니 상쾌하다. 기분이 좋다. 오늘도 고마워.

감사 일기를 통한 깨달음

올해 초부터 '무슨 일이 있어도 고맙다'라는 생각을 매일 되뇌고 있다. 감사할 수 없을 만큼 슬픈 상황일 때도 입꼬리를 올리고 웃으면 신기하게도 마음이 가벼워진다. '아, 건강하게 지낼 수 있어서 정말 고맙다'는 생각이 든다. 관점을 바꾸면 마음이 한결 가벼워진다는 것을 실감했다. 일도 아주 잘 풀리고 있다. 무슨 일이 있어도 감사하는 마음으로 지내려고 한다. 손님이 조금씩 늘어나더니 그 후에도 안정적으로 유지되고 있다. 최근에는 다정하고 따뜻한 손님이 늘어났다.

가라카와 테루노리(감사 일기 경력 3년)

- 추위를 피할 수 있는 집이 있어 고맙다. 따뜻한 이불에서 잘 수 있는 행복에 고맙다.
- 할머니에게 자리를 양보할 기회가 생겨 고맙다.
- 스마트폰을 떨어뜨렸지만, 시간에 얽매이지 않고 지금 이 순간을 맛볼 수 있다는 것에 고맙다. 스마트폰을 주워서 신고해주신 분에게 고맙다.

감사 일기를 통한 깨달음

꾸준함이 힘이 되는 것처럼 신기하게도 감사 일기를 계속 쓰다 보면 어느 순간 번뜩 깨닫는 때가 찾아온다. 그것은 우리에게는 처음부터 365일 24시간, 늘 감사한 일들만 일어나고 있다는 사실을 알아차리는 순간이다. 이때부터 "무슨 일이 있어도 고맙다"라는 신조를 나의 가치관의 뿌리로 삼을 수 있었다. 덕분에 하루 종일 미소 짓고, 어떤 일이 있어도 태연할 수 있게 되었다.

모리 이치로(감사 일기 경력 1년)

- 사우나 최고!
- 재스민차가 참 맛있었다.
- 짐을 시간 맞춰 가져다주는 것.

감사 일기를 통한 깨달음

다른 참가자들의 감사 일기를 보면서 '이런 것에도 감사하는구나' 하며 신기해했다. 그러다 문득 '감사의 힘이 뭘까?'라고 생각하게 되었다. 고맙다고 말하는 것도 늘 순간뿐이고 지속성이 없었다. 하지만 곧 맛있는 음식, 예쁜 경치, 상쾌한 바람, 새소리, 물 흐르는 소리 등 기분이 좋아지는 것, 즐길 수 있는 것이 감사라는 사실을 깨닫기 시작했다.

사에(감사 일기 경력 1년 8개월)

- 풍부한 공기 덕분에 숨을 쉴 수 있다. 고마워!
- 손을 마음대로 움직일 수 있어서 물건을 나르거나, 누군가와 접촉하는 등 여러 가지 일을 할 수 있다. 고마워!
- 언제나 전기를 쓸 수 있어서, 밝은 방에서 편리한 가전을 사용하며 쾌적하게 살 수 있다. 고마워!

감사 일기를 통한 깨달음

예전에는 감사가 받은 것이나 해준 것에 한정되었지만, 이제는 당연해서 신경조차 쓰지 않았던 것들에도 매일 감사할 수 있게 되었다. 가장 큰 변화는, 내 안에 감사가 가득 차면서 감사할 수 없는 것, 당연한 것이라는 대상이 사라졌다는 점이다. 부족한 것보다 가진 것에 눈이 가고, '이것도 저것도 있다', '덕분이다'라는 충만한 마음으로 하루를 보낼 수 있게 되었다. 이제는 '없다', '부족하다', '결핍이다'라는 생각 대신 '이렇게 많이 있다'라고 생각하게 되었고, "그 덕분에…"라는 감사의 이유도 술술 떠오르니, "너무 고마워!" 하고 눈물이 날 듯한 감동의 순간이 늘어났다.

니코마루 유키코(감사 일기 경력 약 3년)

- 일이 안정되어 의뢰가 줄어든 덕분에, 내 옷을 수선하거나 리폼하는 걸 즐길 수 있다.
- 아이들이 "불조심"이라고 외치며 걸어가는 모습을 보니 옛날의 지역 행사가 떠올라 마음이 따뜻해졌다.
- 베란다 텃밭의 식물들이 급성장하면서 손을 봐야 할 곳이 드러났다. 이 흐름이 인생과 비슷하다고 느꼈다.

감사 일기를 통한 깨달음

가장 큰 변화는 일기를 쓰기 시작하면서 일상에서 행복을 찾는 습관이 생겼고, 행복에 대한 감도가 높아지고 있다고 느낀다. 또, 일이나 경험을 포함해 인생의 깊이가 더해진 것 같다. 반면에 그동안 깨닫지 못했던 것을 바라보는 시선이 바뀌면서 상대방의 의견을 수용하거나 스스로의 변화를 실감하는 일이 늘었다.

효과가 입증된
감사 워크

다시로 마사타카

감사 일기 예시를 보고 어떤 생각이 들었는가? '아, 이런 걸 쓰면 되는구나!', '이 정도라면 나도 할 수 있겠다'라고 느꼈다면 다행이다. 문체, 길이, 내용은 사람마다 다양하다. 형식에 얽매이지 말고, 자신만의 방식으로 일기를 쓰면 된다. 감사 일기를 통한 깨달음을 읽으면서 나 역시도 감동을 느꼈다. '잘해왔구나', '실천해줘서 고맙다!'라는 상쾌한 기분이 마음을 가득 채웠다. 책 말미에 지금까지 내가 보고 듣고 경험한 고마움을 정리한 〈감사의 말 100선〉도 실어두었다. 함께 읽어보면 좋다.

감사 일기에서 알게 된 놀라운 현실

✦

자존감이 낮았던 사람, 행복을 느끼지 못했던 사람, 병을 앓고 있던 사람, 일이 잘 풀리지 않던 사람, 가정환경이 좋지 않았던 사람. 인생의 과제는 저마다 달랐지만, 감사 일기를 실천하면서 모든 것이 좋아지는 것을 직접 확인할 수 있었다. 인생을 이렇게까지 변하게 만든 것이 바로 감사의 힘이다. 누구든 감사 일기를 처음 시작할 때는 거창한 일을 찾으려 한다. 그날 있었던 좋은 일, 친절함에 대한 감사처럼 알아채기 쉬운 것부터 시작하지만, 점차 작은 일, 일상의 사소한 것에 대한 감사에 눈뜨게 된다.

당연하게 여겼던 일상이 당연한 것이 아니었다는 사실을 깨닫는 전환점을 거치고, 쭉 나아가다 보면, 무의식적으로 어떤 일이든 고맙다는 생각이 마음에서 우러나온다. 모든 것을 받아들이고 즐기는 순간 의미가 생긴다는 것을 깨닫는다. 그렇게 되면 우리가 사는 현실이 마치 선물처럼 느껴진다. 그러면 짜증 나는 일도 사라지고, 언제나 기분 좋게 지낼 수 있다. 감사 일기를 실천하다 보면, 감사의 사고방식이 자연스럽게 몸에 배게 된다. 감사의 3단계는 친절에 대한 감사에서 일상에 대한 감사, 그리고 역경에 대한 감사로 변화한다. 앞서 보여준 감사 일기 예시를 자세히 들여다보면, 참여자들이 실제로 이 3단계를 거치고 있음을 알 수 있다.

의식하지 않아도 역경에 대한 감사, 만물에 대한 감사를 할 수 있는 상태가 바로 감사하는 뇌다. 그렇게 되면 "~하게 해줘서 고마워", "깨닫게 해줘서 고마워"처럼 모든 대화가 "고마워"로 가득해진다. 감사가 무한히 순환하는 세상은 얼마나 평화롭고 풍요로울까! 함께 나누면 나눌수록 다른 사람의 관점을 경험할 수 있어 시야도 넓어진다. 이것이 커뮤니티의 가장 큰 장점이다. **행복의 열쇠는 감사에 있다. 행복한 삶을 살고 싶다면 꼭 다른 누군가와 함께 감사를 실천해보길 권한다.** 이때의 키워드는 "어떤 일이 일어나도 고맙다!"다. 지금부터 감사 일기와 함께 효과가 뛰어난 다른 워크들도 소개하겠다. 실제로 효과가 입증된 방법들을 혼자서도 할 수 있게 정리했으니, 꼭 실천해보길 바란다.

원하는 것이 아니라 지금 갖고 있는 것 리스트 쓰기

다들 위시 리스트나 버킷 리스트를 써본 적이 있을 것이다. 이는 유명한 만큼 효과도 확실하다. 적어둔 것들이 하나둘 실현되었다는 사람이 많으니, 아직 써보지 않았다면 시도해도 좋다. 이 책에서 소개하고 싶은 워크는 완전히 반대의 관점을 가지고 있다. 가지고 싶은 것이나 이루고 싶은 것 등 지금 나에게 없는 것이 아니라, 가지고 있는 것을 적어보자. 지금까지 살면서 얻은 직장 경험, 친구, 배우자, 살고 있는 집, 돈 등 당신의 유형·무형 자산을 떠올려보는 것이다. 당신의 자산에 초점을 맞춤으로써 고마움을 느낄 수 있고, 늘 곁에 존재하는 행복을 느낄 수 있다.

지금 있는 것이 없어진 상황을 상상해보기

이 워크를 실천하는 순간, 당신의 마음속에서는 진심 어린 고마움이 솟아날 것이다. 지금 살고 있는 집, 가족, 배우자, 친구나 동료, 직장, 건강 등 당연하다고 생각하기 쉬운 것들이 사라진다면 어떨까? 상상력을 총동원해보자. 감사 수준이 높은 사람의 경우, 태양, 물, 산소 등 더 큰 존재의 부재까지도 상상할 수 있지만, 지금은 일단 쉬운 것부터 시작하자. 모든 것이 사라져버린 슬픔의 끝에서, 지금 있는 것에 대한 감사가 솟아나지 않는가?

모든 일에 감사하기 워크

✦

고맙다는 마음이 없어도, "고맙다"라는 말만 많이 하면 기적이 일어난다는 이야기가 있다. 하지만 횟수만 의식하며 말하는 것은 효과가 없다. 여러 번 말함으로써 진심이 담기는 때를 맞이하는 것이 중요하다. "고마워"를 몇만 번 말하는 것보다 더 효과적인 워크를 개발했다. 바로 모든 일에 감사하기 워크다.

① 먼저 주변 물건들에게 고맙다고 말하기

지갑, 가방, 시계 등 항상 가지고 다니는 물건 하나하나에 "고마워"라고 말해보자. 그다음, 집에 있는 모든 물건에도 고맙다고 말하자. 현관부터 시작해 집 안을 돌면서 천천히 "고마워"라고 말하면 된다. 지나친 물건이 있다면 나중에 따로 고맙다고 전하거나, 감사 이별을 해도 좋다. 이렇게 하면 각 물건에 얽힌 사연이 떠오른다. **구매한 물건이든, 선물로 받은 물건이든 그 안에 담긴 이야기를 되새기며 감사하다 보면, 신기하게도 물건에 혼이 깃든 듯 생생히 빛나는 것처럼 보인다.** 마치 물건이 나에게 "고마워"라고 말해주는 것 같다. 그렇게 감사 속에서 살고 있다는 실감이 또 한 번 생겨난다.

② 자연에 고맙다고 말하기

감사의 대상을 자연으로 넓혀보자. 바다, 산, 강, 들, 풀, 나무, 새, 동물, 벌레, 비, 바람, 눈, 번개, 지구, 달, 태양, 우주 등 자연에 존재하는 모든 것은 각자의 역할을 맡고 있다. 좀처럼 감사하는 마음이 생기지 않는다면, 그 존재의 역할을 알아보자. 예를 들어, 많은 사람이 싫어하는 까마귀나 하이에나는 부패한 고기를 먹는 청소부 역할을 한다. 지렁이, 파리, 애벌레, 바퀴벌레도 썩은 고기와 식물을 분해해 흙으로 영양을 돌려보내는 역할을 한다. 번개는 토양을 비옥하게 하고, 오존을 생성하며, 지구의 전기에너지를 조절한다. 또한 번개로 일어나는 산불도 새로운 식물이 자랄 공간을 제공하고, 영양분을 다시 토양으로 돌려보내는 역할을 한다. 최근 문제가 되는 황사도 산성비의 원인 성분을 알칼리성으로 중화시키거나, 바다 생태계에 필요한 미네랄을 공급하는 역할을 한다.

이렇게 자연의 모든 것이 우리와 연결되어 있다. 사람이 먹을 것을 에너지 삼아 살아가듯이, 자연 속 생명들도 무언가를 먹으며 살아간다. 물고기는 작은 물고기나 플랑크톤을 먹고, 플랑크톤은 더 작은 박테리아를 먹는다. **자연의 모든 것에 감사하는 순간, 자신도 자연의 일부임을 깨닫게 된다. 그러면서**

자연 속에서 살아가고 있다는 사실에 감사하는 마음이 솟아난다.

③ 조상님께 고맙다고 말하기

수많은 조상님 중 단 한 분이라도 없었다면 지금의 당신은 존재할 수 없다. 이름을 모르더라도 가계도는 한번 그려보는 것을 추천한다. 그리고 한 분 한 분께 고마움을 전해보자. 조상 중에 자신과 비슷한 일을 한 분이 있거나, 직장이나 살고 있는 지역이 가까운 분이 있다면 그 사실에도 감사하자. 부모로부터 10대를 거슬러 올라가면 조상님만 2,000명이 된다. 20대를 거슬러 올라가면 200만 명이 넘는다. 더 나아가 30대를 거슬러 올라가면 21억 명을 넘길 것이다. 어디까지나 단순 계산이긴 하지만, 왠지 인류 모두가 가족처럼 느껴지지 않는가?

④ 자기 자신에게 고맙다고 말하기

내가 태어난 순간, 나의 이름, 몸의 일부, 미래의 나까지 모든 것에 감사를 전해보자. 조상과 부모를 거쳐 마침내 이 세상에 태어나게 된 순간을 상상해보라. 어떤 공간일까? 주변에는 누가 있을까? 기대와 긴장 속에서 모두의 보살핌을 받고 있다. 처음 공기를 접하고, 공기가 폐로 들어가며 양수가 빠져나간 뒤, 울음소리가 터져 나온다. 당신이 탄생한 순간에 대해 고마운 마음을 전해보라.

다음으로 자신의 이름을 적은 뒤, 고맙다고 말해보자. 어떤 마음으로, 어떤 의미를 담아, 어떤 과정을 거쳐 지어진 이름일까? 이름의 뜻대로 인생을 살아가고 있을까? 여러 가지 상상을 하며 감사해보자.

이어서, 몸을 이루는 기관 하나하나에도 고맙다고 말해보자. 매 순간 쉬지 않고 일하는 장기에도 감사하자. 만약 불편한 부위가 있다면 더 큰 감사가 생길 것이다.

마지막으로, 이상적인 미래의 자신을 상상하며 감사를 전해보자. 미래의 이상적인 내가 지금의 나에게 어떤 말을 할까? 어쩌면 가장 가까운 고민 상담 친구가 될지도 모른다.

⑤ 가족, 친구, 은인에게 고맙다고 말하기

지금까지 자신을 길러준 부모님, 만나온 친구들, 인생의 전환점이 되어준 은인을 최대한 많이 적어가며 고맙다고 말해보자. **지금의 나는 오랜 시간 함께해온 사람들 덕분에 존재하는 것이다.** 싸우고 멀어져버린 사람이나 자신을 배신했던 사람에게도 감사해보자. 그 사람들 덕분에 깨달은 것이 있을 수도 있고, 더 다정해지거나 강해졌을지도 모른다. 그런 계기를 만들어주었다는 점에 고마움을 전해보자.

⑥ 아직 만나지 않은 사람에게 고맙다고 말하기

앞으로 만나게 될 사람을 상상하며 고마움을 전해보자. 이는 한 번뿐인 만남을 소중히 여기는 마음으로 이어질 것이다.

⑦ 대상을 정하지 말고 고마움을 느끼기

마지막으로, 감사한 마음이 생겨나는 그 자체에 고맙다고 말해보자. 대상을 정하지 말고, 그냥 "고맙다"라는 말을 내뱉어보자. 어쩐지 마음 깊은 곳에서 고마움이 솟아나지 않는가?

감사 이별

✦

앞서 집 안에 있는 것에 감사하자는 워크가 있었다. 집 안을 다시 둘러보다 보면 미처 떠올리지 못했던 것들이 보일 것이다. 그중에는 더 이상 필요 없는 것이 제법 많을 수도 있다. 그럴 때는 감사하는 마음을 담아 처분하는 감사 이별을 해보자. 집도 마음도 한결 가벼워질 것이다.

R씨의 할머니는 R씨에게 받은 수건들을 "아까워서 못 쓰겠네"라며 장식해두곤 하셨다. R씨는 유품이 된 수건들을 좀처럼 정리하지 못하고 있었다. 그러던 어느 날, 감사하며 떠나보내는 방법을 알게 되었고, 마지막으로 묘에 한번 가져가기로 했다. "할머니, 고마워요"하고 말하며 수건으로 묘비를 닦고 문지르자, 할머니의 웃는 얼굴이 떠오르면서 마음이 한결 개운해졌다고 한다.

감사 건강법

✦

몸 어딘가가 좋지 않다면, 정상적으로 기능하는 나머지 부분에 감사하자. 신기하게도 그 사실을 깨닫게 해준, 이상이 있는 부분에 감사함으로써 몸이 좋아지는 경우가 있었다. 나도 마라톤 대회에서 이런 경험을 했다. 어쩌면 통증은 무언가에 대한 감사를 일깨워주는 메시지일지도 모른다.

무슨 일이든 감사합니다 워크

✦

실제 워크에서는 두 사람이 짝을 지어 진행한다. 먼저 A가 B에게 "~한 일이 일어났습니다!" 하며 말도 안 되는 상황을 전한다. B는 그 일에 대해 "그것참 잘됐네요. 감사합니다! 왜냐하면 ~니까요"라고 대답한다. 이 대화를 반복하면 감사 사고가 길러지고 감사하는 마음으로의 전환이 빨라진다.

이 대화를 떠올리면 일상생활에 생긴 모든 문제를 감사하는 사고로 극복할 수 있다. 게임처럼 즐기면서 해보자! 감사하는 사고를 꾸준히 훈련하면, 어느 순간 의식하지 않아도 자연스럽게 감사할 수 있게 된다. 그 상태가 바로 감사하는 뇌다. '무슨 일이든 감사합니다 워크'를 습관화하면 일상의 모든 경험이 배움이 되고 자기 성장으로 이어진다.

예를 들어, 여행지에서 나와 안 맞는 상대와 함께 움직여야 하는 상황이 생겼다고 해보자. 이때 불편함보다 고마움에 집중하면 소통과 화합의 능력이 향상된다. 자신의 태도, 말, 행동을 돌아볼 수 있고, 다른 사람의 생각을 이해할 수 있다. 자신이 소중히 대해야 할 사람을 알 수 있고, 이런 환경에서도 잘 해낼 수 있다는 경험을 쌓을 수 있다. 주변의 평가도 자연스럽게 좋아진다. 장점이 이렇게나 많으니, 일상에서 힘든 일이 생기면 바로 이 워크를 떠올려 감사로 바꾸는 습관을 들여보자.

감사의 깊이를 더하는 5단계 연상법

✦

처음에는 무엇에 감사해야 할지 잘 모르는 것이 당연하다. 그래도 지금까지 소개한 워크를 통해 감사의 범위가 한결 뚜렷해졌을 것이라고 믿는다. 여기서는 감사의 깊이를 더하는 연상법을 소개한다. 예를 들어, 눈앞에 카레라이스가 있다고 해보자. 당신은 어떤 감사들을 떠올릴 수 있을까?

1단계: 직접적인 감사

먼저, 카레라이스와 직접적으로 관련된 것에 감사한다. 카레라이스를 만들어준 사람, 먹기 편하게 만들어진 숟가락, 음식이 담긴 그릇, 테이블 등 눈에 바로 보이는 것들에 대한 감사다. 여기에서 감사가 출발한다.

2단계: 관여한 사람들에게 감사

다음으로 카레라이스를 만드는 데 관여한 사람들을 떠올린다. 재료 수확에 필요한 도구를 개발한 사람, 식품 제조업자, 식재료를 운반한 유통업자, 재료를 판매한 가게 직원 등이다. 이렇게 많은 사람이 관련되어 있다는 사실에 감사해보자.

3단계: 관련된 환경에 감사

이어서 카레라이스의 식재료를 자라게 해준 흙, 햇빛, 비에 감사한다. 카레라이스의 재료가 자라기 위해서는 자연이 꼭 필요하다는 것을 깨달음으로써 감사가 생겨난다.

4단계: 나 자신에게 감사

더 나아가 스스로에게 감사한다. 카레라이스를 먹기 위해 번 돈이나, 음식을 맛있게 먹을 수 있는 몸에게 고맙다고 말하자. 감사의 범위는 외부 사람들과 환경뿐만 아니라, 자신과 날마다의 행동으로도 확장된다.

5단계: 전체를 조망하며 감사

마지막으로는 생명, 지구, 우주라는 큰 시점에서 생각해보

자. 지구와 태양이 만들어낸 모든 생명과 요소의 순환이 먹이사슬을 유지시킨다. 우리 몸의 세포도 끊임없이 교체된다. 몸은 평소의 식사에서 에너지와 영양을 흡수해 신진대사를 반복한다. 카레라이스 하나로도 나와 자연을 잇는 연결고리를 느낄 수 있다. 카레라이스라는 음식 하나에도 감사할 만한 요소가 아주 많다.

영미권 드라마를 보면 "식사 자리에 감사드립니다", "식사를 준비해주신 분께 축복을", "가족이 이렇게 함께 모일 수 있음에 감사드립니다"라고 말하며 손을 잡고 감사하는 장면이 나온다. 이것도 앞서 설명한 감사의 단계를 소리 내어 말하는 모습이다. 감사 하나하나에 정성스럽게 눈을 돌림으로써 그 깊이를 더해나갈 수 있다.

✦ 7장 ✦

감사하는 뇌가 인생을 바꾼다

감사하는 뇌를 갖춘 사람들

다시로 마사타카

감사 일기나 감사 워크를 실천하면서 자연스럽게 감사 사고의 습관이 들면 다양한 변화가 일어난다.

지금까지 소개한 워크를 통해 감사하는 뇌로 전환되면 어떤 변화가 생기는지, 꿈과 목표와 소원이 어떻게 현실이 되는지 많은 사람에게 나타나는 변화의 경향을 살펴보자.

내면이 변하면 외부 세계도 변한다

감사하는 뇌를 갖추면 모든 것을 감사 기반으로 바라보게 된다. 감사에 초점을 맞추면서 내면이 꾸준히 성장하는 것이다.

그러면 곧 사람들이 베푸는, 지금까지 알아채지 못했던 배려가 보이기 시작한다. 가족이나 친구와의 관계도 더 좋은 쪽으로 변한다. 부모님이 갑자기 "태어나줘서 고마워"라고 말했다는 사람도 있었다. 한 번도 그런 말을 하신 적이 없었는데 말이다. 내면이 감사로 가득 차면 눈에 보이지는 않아도 계속 주변에 긍정적인 영향을 미치게 된다.

사소한 일을 신경 쓰지 않게 된다

워크숍을 하기 전에는 사소한 일에도 짜증을 내거나 불평불만을 늘어놓던 사람들이 진심으로 감사를 경험한 후에 "내가 왜 그랬을까?" 하며 관대해졌다는 이야기가 많다. 신호등 빨간불에 걸릴 때마다 짜증을 내던 사람이 빨간불 덕분에 사고를 피할 수 있다며 감사하게 된 것처럼 말이다. 또한 자신이 불평불만을 달고 살았다는 것을 깨닫고, 조심하고자 노력했더니 가족으로부터 "요즘 엄마가 달라졌네!"라는 말을 들었다는 사람도 있다. 집안 분위기도 좋아지고 가족들의 표정도 밝아진 것이다. 불평불만이 일상이 된 사람은 자신이 그렇게 행동하고 있다는 자각조차 없는 경우가 대부분이므로, 깨닫는 것만으로도 이미 큰 변화의 시작이다.

순간의 감사에서 감사 기반으로의 전환

감사에는 Doing의 감사(은혜적 감사)와 Being의 감사(보편적 감사)가 있다. 은혜적 감사는 자신에게 좋은 일이 생겼을 때만 감사하는 것이다. 감사의 세 가지 단계 중 친절에 대한 감사에 해당한다. 보편적 감사는 어떤 상황에서도 감사를 품고 살아가는 역경에 대한 단계, 즉 감사하는 뇌를 갖춘 상태다. 일상에서 일어나는 사건 하나하나에 계속 감사하려고 애쓰다 보면 어느 순간 감사의 태도가 습관이 된다. 감사가 기반인 Being의 감사적 삶(감사하는 뇌)으로 전환되는 것이다.

매일 "고맙다"라고 말하며 감사 기반의 삶으로 전환된 덕분에 좋은 사람을 만나거나 일이 잘 풀리는 경험을 한 이가 많다. H씨의 사례를 보자. H씨는 아는 이가 하나 없는 지역으로 단신 부임하게 되었다. 그는 이동 중에도 모든 대화에서 "고맙다"라는 말을 계속했다고 한다. 번거로운 부탁이나 작은 요청을 받을 때도 언제나 "고맙다"라고 말하며 응해주다 보니 여러 가지 일이 들어오기 시작했다. 그때마다 그는 "고맙습니다"라고 말했다고 한다. 어느새 그는 지역 시장의 옆방을 배정받아 시장의 오른팔이 되었고, 지역 제3 구역의 부장을 맡게 되었다. 1년 6개월 내내 선물로 쌀이 들어와 직접 쌀을 사본 적이 없고,

집도 세 채나 양도받았고, 차도 저렴하게 구매했다고 한다.

지금은 학교에서 강연을 하는데, "H씨는 새로운 관점에서 생각하니까 그의 이야기를 들으면 도움이 될 거야"라며 소개를 받고 찾아오는 이들도 늘었다고 한다. 멀리 떨어져 있는 가족과의 관계도 원만해지고, 아이들도 아주 씩씩하게 자라고 있다고 한다.

모든 대화를 "고맙다"로 해보니

✦

친구 M씨의 행동에 깊이 감동한 적이 있다. 여행지의 기념품 가게 계산대에서 친구 K씨가 물건을 사고 있을 때였다. 계산대 직원이 "감사합니다"라고 인사하는 일에는 익숙하지만, 그때는 달랐다. M씨가 재빨리 K씨의 옆으로 다가오더니 계산대 직원에게 "감사합니다"라고 먼저 말한 것이다. K씨와 나는 깜짝 놀랐다. 하지만 M은 어떤 물건을 사게 해준 것에 감사하는 마음을 전했다.

그때 처음으로 가게 입장에서는 "구매해줘서 고맙다"가 있고, 손님 입장에서는 "구매하게 해줘서 고맙다"가 있다는 것을 깨달았다. M씨의 "감사합니다"에 계산대 직원도 다시 한번 "감사합니다"라고 말하며 처음보다 더 환하게 웃었다. 무언가를 받으면서도 "고맙다", 내가 주면서도 "고맙다"라고 하며 **모든 대화를 "고맙다"로 가득 채우면, 세상은 훨씬 더 따뜻하고 평화로워질 수 있다.** 당신의 "고맙다" 한마디로 세상이 조금 더 따뜻해지는 것이다.

아이디어가 떠오른다!

감사하는 뇌는 알파파를 내보낸다. 알파파는 목욕할 때처럼 편안하고 이완된 상태에서 나온다. 이 뇌파는 창의성을 높이기 때문에 새로운 아이디어를 떠올리는 데 도움이 된다. 게다가 매일 작은 감사에 주의를 기울이다 보면, 사람에 대한 배려의 마음을 새로운 서비스 같은 사업 아이템으로 연결하는 순간이 찾아오기도 한다. 실제로 워크를 실천한 뒤에 아이디어가 계속 떠올랐다는 후기가 많다. 기발한 생각이 튀어나오기도 하고, 마음 한구석에 묻혀 있던 꿈 같은 일이 드러나 행동으로 옮길 기회가 되기도 한다.

질병이 나았다!

감사 워크를 실천하기 전, 건강검진에서 암을 발견한 사람이 있었다. 워크를 마치고 다시 검사를 받으러 갔더니, 놀랍게도 암이 사라져 있었다고 한다. 워크에서는 자신이 직접 "고맙다"라고 말하는 것뿐만 아니라, 참가자 전원에게 감사의 말을 듣는 시간도 있다. 그 사람은 많은 사람이 쏟아내는 고마움을 받는 순간 눈물을 흘렸다고 한다. 아마도 자신의 내면에서 무언가가 승화된 순간이었을지도 모른다. 병은 마음에서 비롯된다고 한다. 감사하는 마음, 즉 감사하는 뇌가 되면 기운이 좋아지고, 병을 감사함으로 받아들이며, 엔도르핀과 옥시토신이 증가해 자연 치유력이 높아지는 것으로 보인다.

또 다른 사례로, 말기 자궁암 여성의 이야기도 있다. 항암제 때문에 머리카락이 한꺼번에 빠지면서 큰 충격을 받았지만, 머리카락을 그냥 버릴 수 없어서 한 올 한 올에 "고맙다"라고 말하며 버렸다고 한다. 그렇게 5만 번 정도 "고맙다"를 말하니 놀랍게도 병이 호전되어 의사마저 신기해했다고 한다. 말기 암이 자연 치유된 사람들의 공통점은, 투병 중에도 진심으로 감사의 마음을 가졌다는 것이다. "왜 나에게만 이런 일이 일어나는 걸까?"라며 한탄할 때는 병이 낫지 않지만, 병을 받아들이고 감사하는 순간 자연스레 치유되는 경우가 많다고 한다.

감사하면 병이 낫는다

✦

정신과 의사로서 나의 비전은 여러 정보를 널리 알려 정신 질환을 예방하는 것이다. 지금 병을 앓고 있는 사람은 하루라도 빨리 회복하기를 바라고, 지금 건강한 사람은 병에 걸리지 않기를 바란다. 정신 질환의 치료와 예방에 도움을 주고 싶어, 20년 넘게 매일 유튜브와 책을 통해 정보를 퍼뜨려왔다. 2015년 나는 『마음을 치유하는 7가지 비결』이라는 책을 출간했다. 사실 이 책의 원래 제목은 『감사하면, 병이 낫는다』였다. 하지만 영적이거나 신비주의적인 책으로 오해받을 가능성이 있어 다른 제목으로 바꿔 출간했다. 이 책의 핵심 내용은, 병은 고치려고 애쓸수록 병은 낫지 않는다는 것이다. 상황을 받아들이고 병 자체와 주변 사람들에게 감사할 수 있게 되면, 병은 자연스럽게 낫는다는 나의 관찰과 경험을 자세히 담았다.

최근 10년간 과학 연구는 아주 눈부시게 발전해왔다. 2장에서 소개했듯이, 감사가 몸과 마음의 건강에 긍정적인 영향을 미친다는 사실을 뒷받침하는 근거나 하나씩 밝혀지고 있다. 감사하는 사람은 발병 위험이 낮고, 사망률도 낮으며, 병도 더 잘 낫는다. 이는 수많은 연구를 통해 입증된 사실이다.

이 책에서는 감사에 관한 논문과 연구를 다시 정리해 감사의 과학적 효과를 전하고자 한다. 감사함으로 몸과 마음의 건강을 얻고 행복을 느낄 수 있다! 과학적으로도 입증된, 인생을 잘 살아가는 방법을 한 번 더 전하고 싶었다.

감사와 치유는 연결되어 있다!

나에게 감사와 치유가 연결되어 있음을 처음으로 깨닫게 해준 일화를 소개하겠다. 나에게는 결코 잊을 수 없는 환자가 한 명 있다. 의사가 된 지 7~8년쯤 되었을 무렵, 양극성 장애를 앓는 30대 남성 A씨를 만났다. 늘 어머니가 대신 방문해 약을 받아 갔는데, 약을 잘 먹지 않는 듯했다. 조증 상태가 악화되어 집안 가구를 부수는 등 폭력적인 행동을 보이기도 했다.

좀처럼 병원에 오지 않던 A씨가 어느 날 아버지, 어머니에게 끌려 진료를 받으러 왔다. 하지만 무슨 말을 해도 전혀 듣지 않았다. 거친 말투로 고함을 치며 당장이라도 때릴 것 같은 기세였다. 당장 사람을 다치게 해도 이상하지 않을 정도였다. 나는 입원을 권했지만 동의할 리 없었다. 어쩔 수 없이 의료 보호 입원이라는 강제 입원 절차를 취했다. 그는 그 조치에 격분했다. 남성 간호사 여러 명이 병동으로 데려가는 중에, 그는 나를 향해 "나를 강제로 입원시키다니. 죽여버리겠다!" 하고 고함쳤다. 그 후에도 약을 안 먹거나 병동에서 문제를 일으키는 등 여러 우여곡절이 있었지만, 점차 마음을 열더니 약을 제대로 먹기 시작했다. 3개월 후 퇴원 날이 찾아왔고, A씨는 어머니와 함께 병동을 나섰다. 나와 간호사 몇 명이 배웅했는데, A씨가 "정말 감사합니다"라고 말하며 공손하게 고개를 숙였다.

늘 무뚝뚝하고 날카로웠으며, 입원 당시에는 협박을 일삼으며 난동을 부리던 A씨가 놀랍게도 감사의 말을 할 정도로 회복한 것이다. 20년 전 일이지만 그때의 모습은 영화처럼 생생하게 기억난다. '인간이 이렇게까지 변할 수 있구나…. 감사와 치유는 틀림없이 연결되어 있다'라고 느낀 순간이었다.

A씨와의 일 이후, 감사와 병의 회복에 대한 관찰을 20년간 이어 오면서, 둘 사이에 분명한 연관성이 있다는 사실을 알게 되었다. 대부분의 사람은 병이 회복되어야지만 마음에 여유가 생겨 가족이나 의료진에게 감사할 수 있게 된다고 생각한다. 하지만 실제로는 반대다. 환자가 감사의 말을 늘리기 시작하면, 어느 순간 몸은 회복으로 향한다. 퇴원이 얼마 남지 않은 환자가 새로 입원한 (같은 병을 가진) 환자에게 병을 고치는 방법이나 회복 요령을 알려주는 경우도 종종 있다. 오롯이 자신만 생

각하던 환자가 바깥을 향해 감사할 수 있게 되고, 더 나아가 다른 사람에게 도움이 되고 싶다는 이타적 행동, 사회적 기여의 마음까지 생겨나는 것이다. 이런 환자는 병동의 레크리에이션에서도 앞장서서 준비와 뒷정리를 하거나 분위기를 띄우는 역할을 맡는다. **좋아졌기 때문에 감사나 이타적 행동을 하는 것이 아니라, 감사와 이타적 행동을 하면서 좋아지는 것이다.**

병이 낫는 3단계 과정

앞서 마음의 3단계에서 제시된 불안, 자립, 태양 단계는 심리학적으로 부정, 수용, 감사에 해당한다.

부정의 단계에서는 병이나 현실을 받아들이지 못한다. 회사, 사회, 가족 등 남을 탓하거나, "내 탓이야", "나는 왜 이렇게 못났을까"라며 자신을 비난한다. 그렇게 불안과 분노가 차오르고, 험담과 비방과 중상모략이 늘어난다. 부정적이거나 불안한 상태일 때는 뇌과학적으로 아드레날린, 노르아드레날린, 코르티솔 같은 스트레스 호르몬이 활발히 분비된다. 흥분 신경인 교감신경도 활성화되어 심신이 전투 모드로 변한다.

하지만 병이나 현실을 받아들이고 '어쩔 수 없다'라는 마음가짐을 가지면 자신을 괴롭히던 나쁜 감정이 가라앉고, 스트레스 호르몬 분비량도 줄어든다. 이러한 수용이나 자립 상태가 지속되면 감사하는 마음이 자연스럽게 솟아난다. 감사나 태양의 단계에 들어가면 세로토닌과 옥시토신 같은 이완·치우 물질이 다량으로 분비되고, 교감신경이 활성화된다. 몸이 이완된 상태, 즉 휴식 모드나 회복 모드로 전환되는 것이다. 즉, 병이 낫는 과정은 회복 → 감사가 아니라, 감사 → 이완 → 회복이다. 가장 먼저 감사할 줄 알아야 병이 낫고, 감사할수록 병이 더 쉽게 낫는다. 병이 낫지 않아 괴로운 사람, 컨디션이 나쁜 사람, 정신 상태가 불안정한 사람은 꼭 시도해보길 바란다.

우선 감사 일기를 써보고, "고맙습니다"라는 말로 감사를 표현하자. 그다음 남에게 작은 친절을 베풀어보자. 자신이 할 수 있는 가장 작은 이타적 행동을 해보는 것이다. 처음에는 의식적으로 해야 한다. 하지만 반복하다 보면 저절로 "고맙습니다"라는 말이 나오고, 자연스럽게 친절을 베풀 수 있게 된다. 감사와 친절이 이어질수록 신기하게도 기분이 편안해지고, 몸 상태도 좋아진다. 반대로 자주 험담하는 사람은 아무리 시간이 지나도 전투 모드(교감신경 활성화)에서 벗어나지 못한다. 병이 낫기는커녕 더 악화된다. 몸 상태도 나빠질 뿐이다.

감사하면 병이 낫고 감사가 병을 예방해준다는 사실이 이해

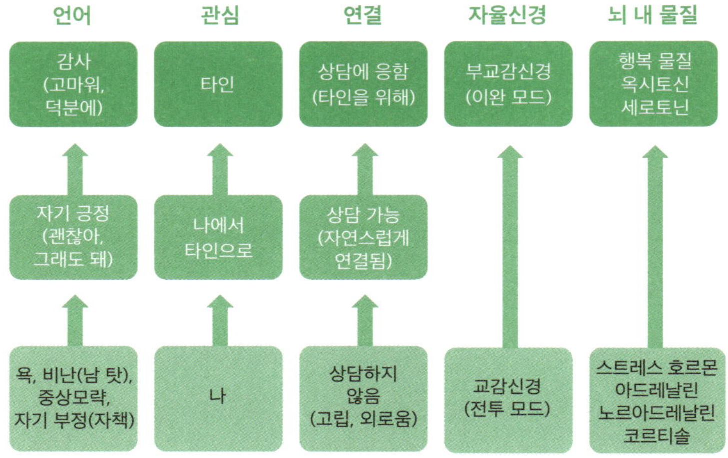

되었는가? 이것은 영적 신념이나 맹신이 아니라 심리학이자 뇌과학이다. 감사하면 병이 낫는다는 생각이 상식으로 자리 잡는다면 병으로 고통받는 사람은 줄고, 세상은 감사와 친절로 가득 차 훨씬 살기 좋은 사회가 될 것이다.

병은 인생의 큰 역경이다. 역경에 감사할 수 있는 마음이 생겼다면 완전히 감사하는 뇌로 거듭난 것이다. 이 책에서 전한 감사하는 뇌가 되는 법을 실천하다 보면 회복에 분명히 도움이 될 것이다. 감사 일기를 쓰거나, "고맙습니다"라고 감사한 마음을 표현하자. 몸이나 마음이 불안정한 사람이라면 반드시 꾸준

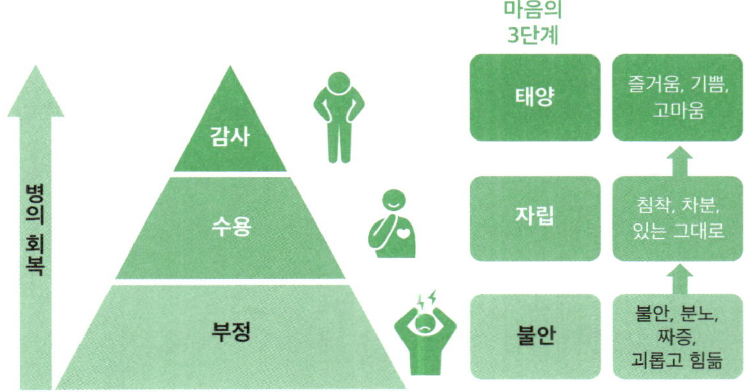

하게 실천하길 바란다.

감사는 살아가는 힘이 된다

✦

일상의 감사와 그 힘을 가르쳐준 친구가 있다. 그는 병실에서 지내면서도 SNS를 통해 사람들에게 힘을 주는 글을 올렸다. 그가 어떤 사람인지 궁금해 가고시마에 있는 병실을 찾아간 것이 계기가 되어, 나중에는 서로 꿈을 이야기하고 사람을 소개해주는 사이가 되었다. 그의 말과 태도에서 많은 사람이 용기를 얻었고, 나도 그중 한 명이었다.

투병 중이던 그는 "힘내라는 말보다 고맙다는 말을 들을 때 살아갈 힘이 더 생기더라. 병실에 혼자 있어도, 이런 나라도 누군가에게 도움이 될 수 있다는 것이 기뻤어"라고 말했다. 누군가를 위해 도움을 주고 감사를 받는 것은 분명히 살아가는 힘이 된다. 잠시 퇴원할 때마다 바깥 공기를 마시며 "아~ 기분 좋다! 공기가 맛있다. 이런 매일을 살고 싶다"라고 하며 하늘을 올려다보았고, 오랜만에 만난 아들을 껴안으며 "이런 매일을 살고 싶다. 이런 게 좋아. 이런 게 좋아"라고 말했다. 눈물과 함께 터져 나온 진심 어린 말 "이런 게 좋아"는 우리에게는 당연하게 여겨지는 일상 하나하나에 대한 감사의 표현이었다.

미쓰오 씨는 백혈병이라는 난치병을 극복했지만, 염원하던 책 출간을 이루고 난 뒤 또 다른 병을 앓다가 하늘로 떠났다. 그는 우리 마음에 중요한 것을 남겨주었다. 바로, 우리가 감사 속에서 살아가고 있다는 사실을 가르쳐준 것이다. 그의 이야기는 『암에도 살아남다: 시한부 선고를 뒤집은 기적의 실화』라는 책으로 우리 곁에 남아 있다.

국경을 넘어 100년 후까지 이어진 진심이 담긴 이야기

감사는 시대도 초월한다. 1890년, 오스만튀르크 사절단을 태운 에르투르울호가 와카야마현 기이오시마에서 침몰했다. 이를 발견한 섬 주민들은 목숨을 걸고 터키 사람들을 구했다. 자신의 옷을 벗어 맨살로 온기를 나누고 식량을 나누어주었다. 또 희생자의 소지품을 그대로 모아 정리한 뒤, 고스란히 건네주었다. 유족에 대한 배려가 넘치는 진심 어린 행동이었다.

세월이 흘러 1985년 이란·이라크전쟁이 발발했다. 이번에는 터키 사람들이 일본인을 이란에서 탈출시키기 위해 자신들이 탈 예정이었던 비행기를 양보했다. 그리고 많은 터키인은 육로로 탈출했다. 위기일발의 순간이었다. 주일 터키 대사는 "에르투르울호 사건에 대한 일본인의 헌신을 잊지 않는다"라고 말했고, 현재도 일본과 터키는 깊은 인연으로 이어져 있다(이 실화는 2014년 일본과 터키의 합작으로 《해난 1890》이라는 영화로도 제작되었다). 진심 어린 행동과 감사하는 마음이 100년의 세월을 넘어 유대 관계를 쌓아 올리고 있다는 사실에 감동했다. 감사에는 세상을 바꾸는 힘이 있으며, 세대와 나라마저 초월한다.

만약 세상이 하나의 텐트였다면

해외 문화 교류의 일환으로, 나는 특정 지역 원주민들과 이야기를 나누거나 기도 의식에 참여하기도 한다. 원주민이라고 하면 문명에 뒤처졌다고 생각할 수도 있지만, 그들은 자연과 공존하며 물질에 의존하지 않는 삶을 살고 있다.

어느 지역이든 원주민들은 세계 평화를 기원하는 의식을 하는 경우가 많다. 북아메리카 원주민의 성지로 알려진 세도나에서 라코타족의 의식에 참여했을 때가 기억에 남는다. 하나의 텐트 안에서 진행되는 의식에는 라코타족 외에도 호피족, 나바호족 등 여러 부족의 사람들이 모여 각자 마음속 말을 전한다. 대지와 자연에 대한 감사로 시작해, 가족과 친구에 대한 감사로 이어진다. 모두 함께 노래를 부르며, 부족을 초월해 평화를 기원하는 그 행위 자체가 이미 평화였다. '만약 세상이 이 텐트 하나였다면 참 평화로울 텐데'라는 생각이 들 정도였다. 그런 원주민들은 지구 환경 문제를 걱정하며, 그 원인을 인간과 자연의 분리에서 찾는다. 도심에 가까워질수록 자연과 떨어져 사는 것이 당연하게 여겨져, 환경 문제는 전혀 상관없는 일처럼 느껴지기 쉽다. 그러나 원주민들에게 자연은 삶의 무대 그 자체다.

예를 들어 식사를 할 때도 반드시 자연에 대한 감사의 말이나 제물로 시작한다. 일본에도 "이타다키마스(잘 먹겠습니다)"라는, 생명에 대한 감사가 담긴 말이 있다. 하지만 슈퍼에서 음식을 사기만 하는 상황에서는 살아 있음에 감사하다는 의미를 담아 말하는 사람이 많지 않을지도 모른다.

음식에서 시작해 채소나 식물을 길러주는 대지, 사냥당한 동물들, 음식이 완성되는 데까지 힘을 보탠 사람들까지 감사의 대상을 떠올리면 식사가 더욱 소중하게 느껴진다. 현대사회에는 직접 사냥하는 사람이 거의 없지만, 낚시를 하거나 텃밭에서 채소를 길러본 경험은 한 번쯤 있을 것이다. 자신의 노력으로 얻은 음식은 마지막까지 소중히 먹게 되고, 남기거나 쉽게 버리지 않게 된다. 어떤 음식이든 한 입 한 입 소중히 먹게 되고, 어떤 재료를 사용했는지도 알고 싶어진다.

이처럼 자연과의 거리를 좁히고 연결되어가는 경험은 지구 환경을 개선하는 데 꼭 필요한 일이다. 사람은 감사의 대상을 함부로 대하거나 더럽히지 않는다. 우리의 행동과 삶이 지구와 이어져 순환하고 있다는 사실을 깨닫게 된다. 감사는 지구상의 모든 것을 이어주는 말이기도 하다. 지구를 깨끗하게 하는 기술은 이미 곳곳에 존재하지만, 근본적으로 중요한 것은 사람의 의식 변화다. 나는 그 계기가 바로 "고맙다"라는 말이라고 확신한다.

감사 사회 실험

"고마워"는 말하는 사람도 듣는 사람도 기분이 좋아지는 말이다. 사람뿐만 아니라 식물에게도 "고마워"라고 말하면 훨씬 더 건강하게 자라는 경우가 있다. 일본 전통주나 된장 같은 발효 식품을 만드는 현장에서는 만드는 사람의 기분이 좋아지도록 노래를 부르거나 즐거운 분위기를 조성하곤 한다. 일본 최고의 투자자라고 불린 다케다 와헤이의 타마고 보로 공장에서는 아이들의 "고마워"라는 소리를 계속 틀어주는 것으로 유명하다. 한 사람의 "고마워"에도 이토록 큰 영향력이 있다면, 많은 사람의 "고마워"를 모아 만든 음성은 얼마나 큰 효과가 있을까? 과연 어떤 일이 벌어질까?

이 아이디어를 실현된 것이 바로 '100만 명의 고맙습니다 프로젝트'다. 누구나 "고마워"라는 음성이 담긴 메시지를 보낼 수 있고, 이렇게 모인 메시지는 누구나 사용할 수 있다. 프로젝트 내에는 무료 커뮤니티도 있는데, 그곳에서는 이 책에서 소개한 감사 일기를 매일 실천하고 있다. 고마움을 통해 다양한 사람과 연결되고 싶은 이라면 눈여겨볼 만하다. 다양한 나이와 직업의 사람들이 "고마워" 한마디로 이어지고 있다. 이 프로젝트의 한 가지 목표는 존 레논의 뜻을 이어받아 오노 요코가 만든

아이슬란드의 빛의 탑 이매진 피스 타워Imagine Peace Tower에서 100만 명의 "고맙습니다" 음성과 함께 점등식을 하는 것이다.

감사하는 뇌에서 진심의 추구와 실천으로

우리는 앞으로 어떤 만남을 겪을지 알 수 없다. 소중한 사람과의 이별이 있을지도 모르고, 재난을 겪을 수도 있으며, 인생이 크게 바뀔 수도 있다. 그럼에도 감사하는 뇌를 가지고 있다면 믿을 수 없을 만큼의 기쁜 일이 일어난다. 한 걸음 나아가고 두 걸음 물러섰더라도, 인생을 통틀어보면 세 걸음을 걸은 것이다. 그 세 걸음 모두에 감사할 수 있다면, 그것이 바로 행복한 인생 아닐까? 이를 가능하게 하는 마법의 말이 바로 "무슨 일이 일어나든 참 감사합니다"다. 우선 지금 당장 스스로를 향해 "고마워"라고 말하자. 그리고 지금도 기적처럼 곁에 있는 사람에게 "고마워"라고 말하자. 지금 바로, 이메일이라도 좋으니 "고맙습니다"라고 전해보자. 이 한마디가 현실을 바꾸는 힘이 된다.

감사 실험

가바사와 시온

나는 사실 부탁만 하는 사람이었다. 지금은 아무 생각 없이도 사람이나 여러 가지 일에 감사할 수 있다. 수년에 걸쳐 감사하는 뇌가 몸에 익은 덕분이다. 내가 몸소 체험한 감사 실험으로 이 책을 마무리하려고 한다. 예전부터 자기계발서에는 "감사하면 금전운이 좋아진다", "감사하면 비즈니스가 잘된다"라는 내용이 꼭 등장했다. 근거는 대부분 영적 믿음이었다. 오랜 기간 과학 연구를 해온 나로서는 '진짜일까?'라는 의심이 들었고 상당히 회의적이었다. 그런 영적 내용을 곧이곧대로 믿는 것에 거부감이 있었다.

화장실을 깨끗이 하면 금전 운이 좋아질까?

✦

그러던 중, 고바야시 세이칸의 『고마움의 신』이라는 책을 받았다. 직접 구매한 책은 아니지만 일단 읽고 감상 정도만 SNS에 올리려고 했다. 그런데 "화장실 청소 방법을 바꾸면 현재 월수입의 자릿수가 하나 더 늘어난다"라는 책의 한 구절에 매료되고 말았다. 화장실을 더 반짝반짝하게 닦기만 해도 수입이 늘어난다니! 사실 화장실을 깨끗하게 유지하면 금전 운이 좋아진다는 이야기를 여러 번 들었다. 하지만 늘 '말도 안 돼. 그럴 리 없어'라고 생각했다. 정말 화장실 청소만으로 수입이 늘어난다면 이렇게 쉬운 방법이 또 어디 있겠는가? 과학 연구를 하던 나는 이 말을 실험해보기로 했다. 새로운 화장실 세제와 솔을 사와서 30분 동안 열심히 닦았다. 다 하고 나니 정말 상쾌했고, 참 잘했다는 생각이 들었다.

『고마움의 신』에는 특히 "잊고 있던 비상금을 발견하는 경우가 있다"라는 문장이 있었지만, 그런 일은 절대 없을 것이라 생각했다. 나는 집에 현금을 두지 않고, 있더라도 정해진 장소에 몇만 엔 정도만 두는 편이다. 어딘가에 현금을 숨겨둔 적이 한 번도 없다. 이틀 뒤, 다음 달에 미국 여행을 갈 예정이어서 그 전에 책을 몇 권 읽으려고 책장을 펼쳤다. 그때 놀라운 광경이 눈앞에 나타났다. 책 사이에 무려 100달러짜리 새 지폐 두 장이 놓여 있던 것이다! 등골이 서늘해지며 소름이 돋았다. 화장실을 깨끗이 한 효과가 이렇게 드러나는구나…. 아니, 그렇게 생각할 수밖에 없었다.

책 사이에 100달러 지폐를 끼워 넣었던 기억은 하나도 없었다. 아마 시카고 유학 시절에 넣었을 테지만, 전혀 기억나지 않았다. 그곳에서 돌아온 지 몇 년이나 지났으니 당연하다. 화장실을 깨끗이 유지하면 금전 운이 좋아질까? 화장실 청소 덕분인지는 알 수 없지만, 화장실을 깨끗이 한 지 이틀 후 생각지 못한 수입이 200달러나 생겼다는 실험 결과가 나왔다. 분명한 사실이므로 받아들일 수밖에 없었다.

그 이후로 나는 화장실을 늘 깔끔한 상태로 유지하려고 노력 중이다. 공중화장실이 조금이라도 더러워 보이면 쓰레기라도 치우고 나온다. 이 행동 덕분인지는 알 수 없지만, 예전보다 금전 운이 좋아졌다. 많은 사람이 "정말일까?" 의심하며 실행하지 않는다. 화장실 청소는 15분이면 충분하지만, 대부분 나중으로 미루고 무시한다. 화장실 청소조차 하지 않는 사람이 다른 사람을 세심하게 배려하거나 무언가를 주는 행동을 실천할 수 있을까? 불가능할 것이다. **화장실을 깨끗이 하는 것은 화장실이라는 공간 자체에 감사하는 것이자, 다음 사용자가 기분 좋게 사용하길 바라는 주는 행동의 표현이다.**

하나를 보면 열을 안다고 했다. 공중화장실을 더럽히고 함부로 사용하는 사람은 감사나 친절과는 거리가 멀다는 사실을 누구나 알 수 있을 것이다.

상호성의 법칙은 사실일까?

✦

친절은 정말 더 큰 친절로 돌아올까? 심리학에는 상호성의 법칙이라는 것이 있다. 누군가에게 친절을 받으면, 똑같이 되돌려주고 싶어지는 심리를 말한다. 1971년 심리학자 데니스 리건의 유명한 실험이 이를 뒷받침하며, 심리학 서적에 빠지지 않고 실리는 법칙이기도 하다. 그 영향 때문인지 영적 분야의 책에서도 "베풀면 반드시 돌아온다"라는 표현을 자주 볼 수 있다. 그런데 정말 그럴까? 친절을 베풀면 반드시 돌아온다고 믿는가? 현실에서는 친절을 베풀어도 아무 반응이 없는 경우가 더 많지 않은가? 많은 사람이 친절을 망설이는 이유는 분명하다. 친절에 대한 대가가 돌아오지 않을 가능성이 크다고 생각하기 때문이다. 많은 사람의 머릿속에 '남에게 잘해줘봤자 소용없다. 손해만 본다'라는 인식이 굳게 자리 잡고 있다. 하지만 만약 친절이 열 배 큰 친절로 돌아온다면 대부분의 사람이 주저 없이 친절을 베풀지 않을까? 의문을 해소하고자 직접 실험해보기로 했다.

나는 우선 주변 사람 열 명에게 그들이 기뻐할 만한 일을 찾아 해주었다. 그 사람이 원하는 정보를 알려주거나, 좋은 책을 소개해주거나, 필요한 인맥을 연결해주는 방식이었다. 그러나 반년이 지나도록 눈에 띄는 보답이 없었다. 나는 포기하지 않고 같은 열 명에게 계속 친절을 베풀고, 또 다른 열 명을 찾아 같은 실험을 계속 이어 갔다. 1년쯤 지나자 보답하는 사람이 하나둘 나타났지만, 큰 성과는 아니었다. 3년이 지났을 무렵, 상황이 달라지기 시작했다. 누군가가 나에게 아주 중요한 인물을 소개해주거나 큰 이벤트에 초대하는 일이 일어났다.

열 명에게 친절을 베풀면 다섯 명은 아무 반응이 없다. 세 명은 베푼 만큼 돌려주고, 한 명은 세 배 이상으로 갚는다. 그리고 마지막 한 명은 무려 열 배로 보답한다. 내 인생의 전환점이 되는 사람을 소개해주거나 큰 기회를 연결해주는 것이다. 종합적으로 계산하면 내가 베푼 친절은 평균 세 배 이상이 되어 돌아왔다. 다만 주의해야 할 것은, 어째서인지 반년 정도로는 전혀 효과를 볼 수 없다. 1년은 지나야 작은 효과를 실감한다. 보답 같은 것을 완전히 잊은 채로 3년은 지나야 크게 돌아온다. 즉, 친절이나 베풂은 최소한 1년, 가능하면 3년 동안 이어 가야 큰 결과가 나온다. 바꿔 말하면, 보답을 바라는 베풂은 효과가 없다는 것이다. 상식적으로 생각하면 알 수 있을 것이다. 보답을 바라며 일부러 베푸는 친절에 굳이 보답하고 싶은 사람은 없다. 대가를 바라지 않고 자연스럽게 베풀 수 있게 되면 마음의 단계 중 최고인 태양의 단계에 도달한 것이다. 태양이 대가 없이 빛을 내듯, 감사하는 뇌를 지닌 사람은 자연스러운 친절을 베풀 수 있다. 그리고 그 과정에서 다양한 긍정적인 결과가 연쇄적으로 찾아온다.

소원을 비는 것은 효과가 있을까?

✦

나는 자주 전통적인 신앙의 장소를 찾는다. 단순히 소원을 비는 것이 아니라, 정식 예법에 따라 온 마음을 다해 기도한다. 이런 이야기를 하면 흔히 "신에게 비는 것이 정말 효과가 있나요?", "신은 정말 있나요?"라는 질문을 던진다. 의문이 들 때는 직접 실험해보면 된다.

나는 예전부터 신앙 장소나 파워 스팟◆을 방문하는 것을 좋아했는데, 출판과 관련해 신기한 일을 겪은 적이 있다. 2018년 8월, 나는 『아웃풋 트레이닝』(토마토 출판사)을 출간했다. 신간 견본을 받으러 출판사에 갔을 때 구글 지도를 보고 깜짝 놀랐다. 그 출판사가 네즈 신사에서 도보 2분 거리에 있던 것이다. 내가 원고를 쓰기 시작했을 때만 해도 시부야구 센다가야에 있었던 출판사는 2018년 2월 사옥을 옮겼고, 그 자리가 하필이면 '출판의 신'이라 불리며 수많은 문호와 인연이 있는 네즈 신사 옆이었다.

사실 『아웃풋 트레이닝』 직전에 『좋은 긴장은 능력을 두 배로 만든다』를 출간할 때 처음으로 네즈 신사를 방문한 적이 있었다. 책을 여러 권 쓴 시라토리 우타코 씨가 "출판의 신이라면 모

◆ 파워 스팟(Power Spots)은 영적인 기와 에너지가 느껴지는 장소를 의미하며, 이러한 장소나 지역에서 휴식, 명상, 신체활동을 통해 에너지 부족과 건강상의 문제를 극복할 수 있다고 한다.

리 오가이, 나쓰메 소세키가 다닌 문호와 인연이 깊은 네즈 신사가 좋다"라고 추천해준 덕분이었다. 그때는 그냥 간단히 빌었지만, 언젠가 더 진심을 다해 기도하고자 마음먹었다.

『아웃풋 트레이닝』의 견본이 인쇄된 바로 그날, 편집자, 영업부장, 회사 직원까지 총 다섯 명이 네즈 신사에서 진심을 담아 소원을 빌었다. 혼자가 아닌 출판 관계자들과 함께 말이다. 그 결과는 놀라웠다. 『아웃풋 트레이닝』은 시리즈 누계 100만 부를 돌파하는 대형 베스트셀러가 되었고, 나의 저서 누계도 260만 부를 넘었다. 이전까지는 50만 부도 채우지 못했는데, 이 책을 계기로 상황이 크게 바뀐 것이다. 이것을 단순한 우연으로 볼지, 진심을 담은 기도의 효과로 볼지는 각자의 판단에 맡기겠다.

그 이후 나는 신간을 낼 때마다 담당 편집자와 직원들과 함께 네즈 신사를 방문해왔다. 『아웃풋 트레이닝』이 28번째 저서였는데, 지금까지 51권을 출간했으니 23권 연속, 7년 연속으로 이 행동을 이어 온 셈이다. 물론 이번 책을 내기 전에도 다녀왔다. 여기서 중요한 것은 기도발이 아니다. 어디까지나 "항상 감사합니다"라는 마음을 표현하는 것이 중요하다. 원래 이런 행동은 신에게 제물을 바치고, 역병 퇴치나 풍년을 기원하고, 은혜에 감사하는 것에서 비롯되었다고 한다. 예로부터 전통적인 신앙의 장소는 감사를 연습하는 곳이었던 셈이다.

바쁘게 살아가다 보면 주변에 감사하는 마음을 잊기 마련이다. 하지만 이런 공간에 가면 자연스럽게 두 손을 모으고 "항상 감사합니다", "올해도 고맙습니다"라고 말하게 된다. **감사에는 대가가 필요 없다. 감사만으로도 세로토닌, 옥시토신, 도파민이 분비되어 건강해지고, 일에도 집중할 수 있고, 행복한 기분이 가득 찬다.** 그래서 나는 기회가 있을 때마다 이런 장소를 방문해 감사하는 것이 큰 의미가 있다고 생각한다.

대가를 바라지 않는 것이 감사하는 뇌의 특징이다. 대가를 바라며 소원을 비는 행동에 효과가 있을지는 알 수 없지만, 감사하는 마음을 통해 분비되는 행복 호르몬의 효과는 무시할 수 없다.

아들러 심리학과 감사

✦

2013년 출간된 『미움받을 용기』(인플루엔셜)는 비즈니스 서적으로는 드물게 일본에서만 300만 부, 전 세계 누계 1천만 부를 돌파한 초대형 베스트셀러가 되었다. 이 책을 계기로 아들러 심리학이 많은 대중에게 알려졌다. 『미움받을 용기』의 핵심을 정리하면 이렇다. 타인에게 신뢰를 받을 수 있는지 여부는 스스로 통제할 수 없기 때문에 '미움받으면 어쩌지?' 하고 고민하는 것은 무의미하다. 즉, 미움을 받든, 받지 않든 자신이 먼저 상대를 신뢰하고 도움을 건네야 한다는 것이다.

상대가 어떻게 생각하든, 무엇을 해주든 전혀 상관이 없다. 중요한 것은 내가 어떻게 하느냐다. 자신이 통제할 수 있는 것에 전적으로 집중하며 먼저 상대에게 공헌한다. 그 후에는 될 대로 되라는 마음으로 그냥 두는 것이다. 아들러가 궁극적으로 말한 목표는 공동체 감각이다. 공동체 감각이란 가족, 지역, 직장 같은 집단 속에서 "나는 이곳의 구성원이다"라는 소속감과 함께, 서로를 인정하고 받아들이는 감각이다. 공동체 감각을 실현하기 위해서는 자기 수용, 타인에 대한 공헌, 타인에 대한 신뢰라는 세 가지 접근법이 필요하다.

흥미롭게도, 원래 부탁만 하는 사람이었던 내가 감사하는 뇌를 익히는 과정에서 깨달은 점들이 아들러 심리학과 놀랍도록 일치했다. 물론 아들러의 이론이 훨씬 오래전에 정립된 것이지만, 그 통찰은 지금의 뇌과학적 발견과도 맞닿아 있다. 감사하기만 해도 세로토닌, 옥시토신, 도파민 같은 행복 물질이 분비된다. 감사란 대가나 상대의 반응과는 관계가 없다.

뇌과학이 전혀 존재하지 않던 1900년대 초반 시절의 아들러, 2천 년 전부터 이어진 전통적인 신앙의 장소, 그리고 최신 뇌과학이 "내가 감사하는 것만으로 행복해진다"라고 한목소리로 말한다. 상대가 어떻게 생각하든 상관없다. 감사하기, 친절과 타인에게 공헌하기, 신뢰하기는 모두 혼자서도 할 수 있는 일이기 때문이다. **이 책을 통해 내가 전하고 싶었던 것도 바로 감사할 용기다. 나부터 먼저 감사하는 것, 그 작은 용기가 당신의 삶을 크게 바꿀 것이다.** 감사하는 뇌가 곧 당신의 미래를 바꾼다!

이 책에 담기 위해 '100만 명의 고맙습니다 프로젝트' 동료들에게 감사 일기를 발췌해 보내달라고 부탁드렸다. 받은 글들을 읽는 내내 가슴이 벅차올랐고, 감사한 마음이 끊임없이 샘솟았다. 이렇게 감성이 풍부하고 멋진 동료들을 만난 것은 큰 축복이며, 감사하는 뇌를 지닌 이들과 함께할 수 있다는 사실만으로도 행복하다. 이 책의 독자 역시 감사의 힘을 간접적으로 경험할 수 있도록, 많은 체험담과 그 속에 담긴 생생한 감정을 실었다. 비즈니스, 인간관계, 건강 등 삶에는 수많은 고민이 따른다. 하지만 지금까지 살펴본 것처럼 "감사하는 뇌가 모든 것을 해결

한다"라고 해도 지나치지 않을 것이다.

우리는 무한한 가능성 속에서 살고 있다. 세상에는 직업을 자유롭게 선택하지 못하는 사람, 정해진 방식대로만 살아야 하는 사람, 사랑하는 이와 함께할 수 없는 사람이 있다. 만약 당신이 그런 환경에서 태어났다면 어떻게 하겠는가? 그 환경에서 지금 자신의 상황을 바라본다면 어떻겠는가? 우리는 모두 축복받은 사람이다. 일도 환경도 사람도 시간도 스스로 선택할 수 있다. 이런 시대와 나라에 태어난 우리에게 주어진 책임은 무엇일까? 지금의 젊은 세대는 사는 것이 힘들다고 느끼며 어려운 시기를 보내고 있을지도 모르겠다. 하지만 나는 그럼에도 불구하고 감사의 힘을 꼭 시험해보라고 권하고 싶다. 감사하는 마음을 통해 우리는 내가 할 수 있는 일로 주변과 사회, 크게는 세계에까지 기여할 수 있다. 동시에 나답게, 즐겁게, 자유롭게 살아갈 수 있다. 그런 바람으로 이 책을 집필했다.

친절과 감사를 잊지 말자.

앞으로의 세상은 마음의 시대, 즉 마음으로 연결되는 시대가 될 것이다. 그리고 그 기반에는 반드시 감사가 있다. 다만 아직 세상은 그 가치를 충분히 이해하지 못하고 있다. 그런 가운데 우리 두 사람은 10년 넘게 인연을 이어 오며 감사의 중요성에 깊이 공감했고, 이 책을 함께 세상에 내놓게 되었다. 또한 절친 히로에 노부치카 씨와 아스카신샤의 편집자 야지마 가즈오 씨께 깊은 감사를 드린다. 이 책은 다가올 마음의 시대에 인간으로서 가장 필요한 감사를 다룬 책이다. 기존의 뇌를 감사하는 뇌로 업그레이드하는, 말하자면 '감사 교과서'를 목표로 했다.

당신의 곁을 감사하는 뇌를 가진 동료들로 가득 채워, 그것이 결국 세계 평화로 이어지기를 바란다. 한 사람이라도 더 감사하는 뇌로 살아가는 길을 찾는다면, 저자로서 이보다 큰 기쁨은 없을 것이다. 유튜버와 인플루언서 여러분 또한 감사의 힘을 널리 전해주길 희망한다. 끝까지 읽어주셔서 진심으로 감사드린다.

가바사와 시온, 다시로 마사타카

감사의 말 100선

사람들과의 관계에 대한 감사

1 사람의 성장을 곁에서 볼 수 있는 기쁨과 나 자신이 성장하는 기쁨에 감사한다. 앞으로도 성장 가능성이 가득하다!

2 수다 떨고, 웃고 웃고 또 웃고. 함께 웃을 수 있는 동료가 있어서 행복하다. 고맙다.

3 소개를 받아 멋진 분을 만날 수 있었다! 감사하다.

4 정말 좋아하는 분에게서 멋진 선물이 도착했다. 너무 기쁘다! 고맙다!

5 편의점에서 물건을 사고 계산대에 휴대전화를 두고 왔다. 직원이 맡아주어서, 친절하게 응대해줘서 감사하다.

6 모두의 웃는 얼굴을 볼 수 있어서 기쁘다. 고맙다.

7 늦게 귀가했는데, 남편이 밥을 차려주었다. 기뻤다! 고맙다.

8 아내와 함께 가을을 느낄 수 있는 밤하늘을 느긋하게 볼 수 있어 행복하다. 고맙다.

9 남편과 어릴 적 꿈을 이야기하는 시간. 즐거웠다. 고맙다.

10 나는 모두에게 지지받고 있구나, 새삼 그렇게 느꼈다. 고맙다.

11 새로 한 네일이 예쁘다! 네일 아티스트에게 감사하다.

12 매일 넓어지는 인간관계에 즐겁다! 고맙다.

13 TV를 보며 가족 모두가 박장대소! 그런 행복한 시간에 감사한다.

14 돌아오는 버스 안에서 곯아떨어졌다. "손님, 종점이에요"라는 기사님의 목소리에 순간 깜짝 놀랐다. 편안한 잠과 깨워주시는 기사님, 고맙다.

15 주변 사람들이 여러 조언을 해주는 게 참 감사하다.

16 남편이 아이들을 데리고 놀러 나가줬다. 고맙다.

17 부모님과 식사하러 갔다. 앞으로 몇 번이나 함께 갈 수 있을까 생각하니 지금 이 순간이 더욱 소중해졌다. 고맙다.

18 '100만 명의 고맙습니다 프로젝트' 덕분에 멤버 모두의 댓글에서 행복을 나누어 받으며 최고의 행운 체질이 된 것 같다. 고맙다.

19 이웃과 웃는 얼굴로 인사하니 기분이 좋았다. 고맙다.

20 오랜만에 전 직장 상사에게서 연락이 왔다! 기억해줘서 기쁘다! 감사하다.

21 오늘은 내 생일! 가족과 많은 사람에게 축하를 받아 정말 행복하다. 감사하고 감격스럽다. 고맙다.

22 갑작스러운 폭우로 힘들었지만, 가족이 데리러 와줘서 기뻤다. 걱정해서 연락해준 모두에게도 고맙다.

23 마음껏 일할 수 있는 환경에 감사한다. 협력해주는 가족에게 고맙다.

24 오늘은 요가 동료들과 바다에서 맨발 걷기를 했다. 함께할 수 있는 이들이 있어 고맙다.

25 엄마 친구분의 갑작스러운 권유 덕분에 예쁜 수국을 보았다. 고맙다.

26 대량 복사를 하려는데, 뒤에서 기다리던 분에게 "시간이 걸릴 것 같으니 먼저 하세요"라고 했더니, "배려해주셔서 고맙습니다"라고 말했다. 짧은 말을 덧붙이는 것만으로 기쁨이 생긴다. 고맙다.

27 유품을 정리하다가 예전에 보낸 메시지 카드가 나왔다. 언제 건넸는지 기억도 나지 않을 정도로 오래된 편지를 남겨

두었다는 것에 가슴이 뭉클해졌다. 고맙다.

28 도시에 사는 나. 좀처럼 갈 수 없는 시골의 묘를 지켜주는 친척에게 감사한다.

29 부모님을 모시러 공항에 갔다. 착륙이 두 시간 지연된 덕분에 서점, 할인 중인 빵, 심지어 축구 경기까지 볼 수 있었다. 무사히 돌아와주셔서 고맙다.

30 이렇게 마음 편히 오늘 하루를 돌아볼 수 있다니, 지금 이 순간에 고맙다.

일에 대한 감사

31 프레젠테이션 준비를 언제까지 해야 하는지 정해졌다. 이제 마음이 놓인다. 고맙다.

32 상담 업무로 먼 길을 갔다. 차가 있어서 다행이다. 고맙다.

33 전화 문의를 받은 분이 매우 친절해서 기뻤다. 고맙다.

34 갑자기 약속 시간이 늦춰졌다. 시간을 선물 받은 것에 감사하다.

35 고민이 있었는데, 밤하늘에 떠 있는 달과 별을 바라보니 해결의 실마리를 찾을 수 있었다. 고맙다.

36 추가 수입처가 생겼다! 좋은 순환으로 이어 가자. 고맙다!

37 대선배가 일을 도와주셨다! 감사할 뿐이다.

38 여러 가지 일을 처리하느라 머리가 터질 것 같았지만, 모든 것이 잘 풀리고 있다. 고맙다.

39 유튜브에서 일에 대한 힌트를 얻었다. 고맙다.

40 바쁠 때 후배가 "제가 도울 일 있을까요?"라고 말해주었다. 고맙다.

41 큰 과제를 통해 나의 발전 가능성을 느낄 수 있었다. 고맙다.

42 같은 일을 오랫동안 계속할 수 있다는 것에 감사하다.

43 고객님께서 "당신이 내려주는 커피는 언제나 맛있네요"라고 해주셨다. 감사하다.

44 감사의 손 편지를 받았다. 고맙다.

45 직장 분위기가 살벌할 때도 늘 밝은 선배에게 감사한다.

자연에 대한 감사

46 수양 매화를 보고 왔다. 아름다워서 감동했다. 휘파람새 소리에서도 힘을 얻었다. 고맙다.

47 날씨가 좋아 빨래를 잔뜩 했다! 이불도 널 수 있어서 기쁘

다! 태양에너지는 정말 대단하다. 고맙다.

48 눈이 비로 녹아 이동할 수 있었다. 고맙다.

49 정원의 풀숲에 있는 메뚜기를 매일 관찰하는 게 즐겁다. 고맙다.

50 달에 엷은 구름이 걸려 있어 달빛이 아주 아름다웠다. 고맙다.

51 식물에 물을 주려고 했는데, 우르르 쾅쾅 큰 비가 내렸다. 하늘의 은혜로운 비 덕분에 여가 시간이 생겼다. 고맙다.

52 태풍이 지나간 뒤에 하늘이 깨끗해져서 기분이 좋았다. 고맙다.

53 벌레 소리가 "지금 행복하니?"라고 묻는 것 같았다. 이런 아름다운 지구에 살게 해줘서 감사할 뿐이다. 고맙다.

54 추워서 난로를 켰다. 이렇게 덥고 추운 것에 바로 대응할 수 있는 환경에 감사한다. 그리고 풍요로운 사계절에 감사한다.

55 큰비로 집 앞 강 수위가 올라갔지만, 비가 멈춰서 피해가 없었다. 보호받고 있다는 것에 감사한다.

일어난 일들에 대한 감사

56 가보고 싶었던 마트 이야기를 하고 있었는데, 그 마트가 집 근처에 생겨서 행복했다. 고맙다.

57 아직 모르는 게 정말 많지만, 오늘 그중 하나를 알게 되어 감사하다.

58 큰 어려움이 작은 어려움으로 바뀌었다. 작은 어려움은 금방 사라졌다! 고맙다.

59 모든 게 최적의 타이밍에 일어나고 있다고 생각한다. 그렇게 받아들일 수 있는 내가 된 것이 최고로 행복하다.

60 직감대로 행동한 결과, 신경 쓰이던 일이 진전되었고 뜻밖의 선물까지 받아 마음까지 훈훈해져 감사하다.

61 회사 렌터카가 고장났다! 그런데 주차장에서 멈췄다! 주행 중이 아니라서 천만다행이었다! 고맙다.

62 오늘은 좀 답답한 일이 있었다. 내게도 여러 감정이 있다는 걸 알 수 있었다. 이런 감정을 맛보게 해주려고 불쾌한 역할을 맡을 사람이 등장했나 보다. 고맙다. 덕분에 조금 더 성숙해질 수 있었다.

63 된장을 직접 만들었다. "고마워, 고마워"라고 말하며 발효를 기다리는 시간이 즐겁다. 고맙다!

64 산책 중에 할머니들에게 꽃 이름을 알려드렸더니 기뻐하셨다. 함께 깔깔 웃었다. 감사하다.

65 빨간 신호등에 자주 걸린 날. 이렇게 안전이 유지되고 있는 거라고 생각하니 감사하다.

음식에 대한 감사

66 가족에게 맛있는 커피를 대접할 수 있었던 것에 감사한다.

67 일 끝나고 마시는 맥주가 최고로 맛있다! 고맙다!

68 맛있는 홍차와 쿠키를 먹었다. 행복한 한때를 선물해줘서 고맙다.

69 큰 가지를 수확할 수 있었다. 고맙다.

70 치즈가 맛있다! 망고도 맛있다! 행복을 줘서 고맙다.

71 입맛이 없다고 생각했는데, 엄마의 밥은 맛있어서 많이 먹을 수 있었다. 고맙다.

72 밭에 갔다. 매일 정성 들여 가꾸기 때문에 맛있는 채소가 나온다. 고맙다.

73 조림과 맑은 장국을 만들었더니, 남편과 딸이 정말 맛있을 것 같다고 칭찬해줬다. 의욕이 생겼다. 고맙다.

74 선물로 받은 샤인머스캣이 달콤하고 맛있었다. 선물을 받을 수 있다는 것도 감사하다.

75 딸이 오늘 저녁밥을 만들어줬다. 맛있는 소고기 덮밥이었다. 고맙다.

물건에 대한 감사

76 잠잘 때 덮은 담요가 포근해서 푹 잘 수 있었다. 담요에도, 푹 잘 수 있었던 것에도 감사한다.

77 재미있을 것 같은 책을 만났다! 고맙다.

78 잃어버렸다고 생각했던 귀걸이를 찾았다. 마음에 드는 거라 기뻤다. 고맙다.

79 나한테는 안 어울린다고 생각했던 옷을, 센스 좋은 친구가 잘 어울린다고 칭찬해줬다! 옷에도, 친구에게도 감사한다.

80 연고 덕분에 얼굴 가려움이 가라앉았다. 약을 만들어준 사람에게 감사한다.

81 정전으로 전기가 나갔다. 평소 스위치 하나로 켜지는 전기에 고맙다.

82 멋진 신발을 만났다. 내일부터 걷는 게 즐거울 것 같다. 고

맙다.

83 집 정리 중에 옛날 앨범을 다시 봤다. 할아버지, 할머니와는 어릴 때 이별해서 잘 기억나지 않지만, 사진에서 많은 사랑을 느낄 수 있었다. 조상님 모두에게 마음 깊이 두 손을 모을 수 있었다. 고맙다.

84 처음으로 네일 아트를 받았다. 손끝이 화사해지니까 기분도 화사해지고, 손을 소중히 하자, 나 자신을 소중히 하자는 마음이 들었다. 정말 고맙다.

85 등산 중 가파른 오르막에서 미끄러져 넘어질 뻔했을 때, 지팡이가 지지대가 되어주어 경상으로 끝났다. 만약 지팡이가 없었다면…. 정말 감사하다!

몸에 대한 감사

86 몸의 통증은 자신의 생각이나 행동을 돌아보면 개선되는 경우가 많다. 고맙다.

87 며칠 연속 재봉질을 했다. 목, 어깨 결림에 좋은 마사지 방법을 찾았고, 효과가 컸다! 고맙다.

88 상쾌하게 일어나 기분 좋은 아침을 맞았다. 잘 자준 몸에

감사한다.

89 오랜만에 조깅을 해서 피곤했지만 기분 좋은 낮잠을 잘 수 있었다. 고맙다.

90 열이 내려 건강을 되찾았다. 면역력에 감사한다.

91 알람이 울리기 전에 기분 좋게 일어났다. 생체 시계에 감사한다.

92 목이 아프지 않다. 콧물이 나오지 않는다. 기침도 나오지 않는다. 건강에 감사한다.

93 더운 여름. 덥기 때문에 오히려 모공이 열리고 독소가 배출된다. 아~ 고맙다.

94 내가 피곤할 때 배 위에 올라와 골골 목청을 울리는 고양이. 내 몸을 치유해줘서 고맙다.

95 운동 부족인 나를 배려해 새벽 산책을 함께해준 친구 덕분에 요즘 몸 상태가 좋다. 고맙다.

기타

96 "다녀왔습니다"라고 말하며 오늘도 돌아올 집이 있다는 것에 감사한다.

97 오늘은 오랫동안 기다려온 영화를 보러 간다. 고맙다.

98 반려견 덕분에 산책할 때마다 스쳐 지나가는 사람들과 소통하는 것이 즐겁다. 고맙다.

99 그려준 캐리커처가 훌륭해서 감동했다. 고맙다.

100 뜻밖에 가족사진을 찍을 수 있어 기뻤다. 사진을 남길 수 있어서 고맙다.

[1] Boggiss, A., et al. (2020). A systematic review of gratitude interventions: Effects on physical health and health behaviors.Journal of psychosomatic research, 135, 110165.

[2] Wood, A., et al. (2009). Gratitude inf luences sleep through the mechanism of pre-sleep cognitions. Journal of psychosomatic research, 66(1), 43-48.

[3] Jackowska, M., et al. (2016). The impact of a brief gratitude intervention on subjective well-being, biology and sleep. Journal of Health Psychology, 21, 2207-2217.

[4] Malathi, K., et al. (2021). Intentional 7-Day Gratitude Journaling and Activities: A Qualitative Analysis. The International Journal of Indian Psychology, 9(1), 1314-1323.

[5] Cheng, S., et al. (2015). Improving mental health in health care practitioners: randomized controlled trial of a gratitude intervention. Journal of consulting and clinical psychology, 83 1, 177-186.

[6] O'Leary, K., et al. (2015). The effects of two novel gratitude and mindfulness interventions on well-being. Journal of alternative and complementary medicine, 21(4), 243-245 .

[7] Lin, C. (2015). Self-esteem mediates the relationship between dispositional gratitude and well-being. Personality and Individual Differences, 85, 145-148.

[8] Yildirim, M., et al. (2023). Does Self-esteem Mediate the Relationship between Gratitude and Subjective Well-being?. Polish Psychological Bulletin. 50(2), 149-156.

[9] Klibert, J., et al. (2019). The Impact of an Integrated Gratitude Intervention on Positive Affect and Coping Resources. International Journal of Applied Positive Psychology, 3, 23-41.

[10] Williams, L., et al. (2015). Warm thanks: gratitude expression facilitates

social affiliation in new relationships via perceived warmth. Emotion, 15(1), 1-5.

[11] Gordon, A. M., et al. (2012). To have and to hold: Gratitude promotes relationship maintenance in intimate bonds. Journal of Personality and Social Psychology, 103, 257-274.

[12] Nelson-Coffey, S., et al. (2023). Gratitude improves parents' well-being and family functioning. Emotion, 24(2), 357-369.

[13] Klibert, J., et al. (2019). The Impact of an Integrated Gratitude Intervention on Positive Affect and Coping Resources. International Journal of Applied Positive Psychology, 3, 23-41.

[14] Heekerens, J., et al. (2022). Cognitive-affective responses to online positive-psychological interventions: The effects of optimistic, grateful, and self-compassionate writing. Applied psychology: Health and well-being. 14(4), 1105-1128.

[15] Zainoodin, N., et al. (2021). Gratitude and Its Relationship to Resilience and Academic Performance among University Students. Journal of Cognitive Sciences and Human Development, 7(2).

[16] Nawa, N., et al. (2021). Enhanced academic motivation in university students following a 2-week online gratitude journal intervention. BMC Psychology, 9, 71.

[17] Zainoodin, N., et al. (2021). Gratitude and Its Relationship to Resilience and Academic Performance among University Students. Journal of Cognitive Sciences and Human Development, 7(2).

[18] Zainoodin, N., et al. (2021). Gratitude and Its Relationship to Resilience and Academic Performance among University Students. Journal of Cognitive Sciences and Human Development, 7(2).

[19] David, R., et al. (2022). Does Spirituality Influence Happiness and Academic Performance?. Religions, 13(7), 617.

[20] Cregg, D., et al. (2020). Gratitude Interventions: Effective Self-help? A Meta-analysis of the Impact on Symptoms of Depression and Anxiety. Journal of Happiness Studies, 22, 413-445.

[21] Wong, Y., et al. (2018). Does gratitude writing improve the mental health of

psychotherapy clients? Evidence from a randomized controlled trial. Psychotherapy Research, 28(2), 192-202.

[22] Condon, S., et al. (2023). CULTIVATING AN ATTITUDE OF GRATITUDE: A BRIEF GRATITUDE INTERVENTION FOR OLDER ADULTS WITH CHRONIC PAIN. Innovation in Aging, 7(S1), 799.

[23] O'Leary, K., et al. (2015). The effects of two novel gratitude and mindfulness interventions on well-being. Journal of alternative and complementary medicine, 21(4), 243-245.

[24] Yildirim, M., et al. (2023). Does Self-esteem Mediate the Relationship between Gratitude and Subjective Well-being?. Polish Psychological Bulletin. 50(2), 149-156.

[25] Dickens, L. (2017). Using Gratitude to Promote Positive Change: A Series of Meta-Analyses Investigating the Effectiveness of Gratitude Interventions. Basic and Applied Social Psychology, 39(4), 193-208.

[26] Wahyuni, S., et al. (2022). ACADEMIC STRESS AND GRATITUDE TO PROMOTE STUDENT WELL-BEING. Psikis : Jurnal Psikologi Islami. 8(2), 133-142.

[27] Cunha, L., et al. (2019). Positive Psychology and Gratitude Interventions: A Randomized Clinical Trial. Frontiers in Psychology, 10, 584.

[28] Cousin, L., et al. (2020). Effect of gratitude on cardiovascular health outcomes: a state-of-the-science review. The Journal of Positive Psychology, 16(3), 348-355.

[29] Jackowska, M., et al. (2016). The impact of a brief gratitude intervention on subjective well-being, biology and sleep. Journal of Health Psychology, 21(10), 2207-2217.

[30] Newman, D. B., et al.(2021). Comparing daily physiological and psychological benefits of gratitude and optimism using a digital platform. Emotion, 21(7), 1357-1365.

[31] Cousin, L., et al. (2020). Effect of gratitude on cardiovascular health outcomes: a state-of-the-science review. The Journal of Positive Psychology, 16(3), 348-355.

[32] Wang X., et al. (2023). The impact of gratitude interventions on patients with cardiovascular disease: a systematic review. Frontiers in Psychology, 14, 1243598.

[33] Swain, N., et al. (2020). Gratitude Enhanced Mindfulness (GEM): A pilot study of an internet-delivered programme for self-management of pain and disability in people with arthritis. The Journal of Positive Psychology, 15(3), 420-426.

[34] Condon, S., et al. (2023). CULTIVATING AN ATTITUDE OF GRATITUDE: A BRIEF GRATITUDE INTERVENTION FOR OLDER ADULTS WITH CHRONIC PAIN. Innovation in Aging, 7(S1), 799.

[35] Hazlett, L., et al. (2021). Exploring neural mechanisms of the health benefits of gratitude in women: A randomized controlled trial. Brain, Behavior, and Immunity, 95, 444-453.

[36] Tan, T., et al. (2021). Mindful gratitude journaling: psychological distress, quality of life and suffering in advanced cancer: a randomised controlled trial. BMJ Supportive & Palliative Care,13(e2).

[37] Fritz, M., et al. (2019). Gratitude facilitates healthy eating behavior in adolescents and young adults. Journal of Experimental Social Psychology, 81, 4-14.

[38] Fritz, M., et al. (2019). Gratitude facilitates healthy eating behavior in adolescents and young adults. Journal of Experimental Social Psychology, 81, 4-14.

[39] Ghandeharioun, A., et al. (2016). "Kind and Grateful": A Context-Sensitive Smartphone App Utilizing Inspirational Content to Promote Gratitude. Psychology of Well-Being, 6,9.

[40] Walsh, L., et al. (2022). More than Merely Positive: The Immediate Affective and Motivational Consequences of Gratitude. Sustainability, 14(14), 8679.

[41] Chen Y., et al. (2024). Gratitude and Mortality Among Older US Female Nurses. JAMA Psychiatry. 81(10), 1030-1038.

[42] Nicuță, E., et al. (2023). "Thank You for Your Good Work": the Impact of Received Gratitude on Employees' Work Motivation. The Journal of psychology, 158(2), 161-178.

[43] Sawyer, K., et al. (2021). Being present and thankful: A multi-study investigation of mindfulness, gratitude, and employee helping behavior. The Journal of applied psychology, 107(2), 240-262.

[44] Chhajer, R., et al. (2021). Gratitude as a mechanism to form high-quality connections at work: impact on job performance. International Journal of Indian Culture and Business Management, 22(1).

[45] Fabio, A., et al. (2017). Gratitude in Organizations: A Contribution for Healthy Organizational Contexts. Frontiers in Psychology, 8, 2025.

[46] Chhajer, R., et al. (2021). Gratitude as a mechanism to form high-quality connections at work: impact on job performance. International Journal of Indian Culture and Business Management, 22(1).

[47] Sawyer, K., et al. (2021). Being present and thankful: A multi-study investigation of mindfulness, gratitude, and employee helping behavior. The Journal of applied psychology, 107(2), 240-262.

[48] Cheng, S., et al. (2015). Improving mental health in health care practitioners: randomized controlled trial of a gratitude intervention. Journal of consulting and clinical psychology, 83 1, 177-186.

[49] Fabio, A., et al. (2017). Gratitude in Organizations: A Contribution for Healthy Organizational Contexts. Frontiers in Psychology, 8, 2025.

[50] Chhajer, R., et al. (2021). Gratitude as a mechanism to form high-quality connections at work: impact on job performance. International Journal of Indian Culture and Business Management, 22(1).

[51] Stegen, A., et al. (2018). Generating Gratitude in the Workplace to Improve Faculty Job Satisfaction. The Journal of nursing education, 57(6), 375-378.

[52] Cortini, M., et al. (2019). Gratitude at Work Works! A Mix-Method Study on Different Dimensions of Gratitude, Job Satisfaction, and Job Performance. Sustainability, 11(14), 3902.

[53] Waters, L. (2012). Predicting Job Satisfaction: Contributions of Individual Gratitude and Institutionalized Gratitude. Psychology, 3, 1174-1176.

[54] Nicuță, E., et al. (2023). "Thank You for Your Good Work": the Impact of Received Gratitude on Employees' Work Motivation. The Journal of psychology,

158(2), 161-178.

[55] Walsh, L., et al. (2022). More than Merely Positive: The Immediate Affective and Motivational Consequences of Gratitude. Sustainability, 14(14), 8679.

[56] Sawyer, K., et al. (2021). Being present and thankful: A multi-study investigation of mindfulness, gratitude, and employee helping behavior. The Journal of applied psychology, 107(2), 240-262.

[57] Grant, A., et al. (2010). A little thanks goes a long way: Explaining why gratitude expressions motivate prosocial behavior. Journal of Personality and Social Psychology, 98(6), 946-955.

[58] Komase, Y., et al. (2022). Effects of the Collective Gratitude on Work Engagement: A Multilevel Cross-sectional Study. Journal of Occupational and Environmental Medicine, 64(11), e729-e735.

[59] Garg, N., et al. (2022). Does Gratitude Ensure Workplace Happiness Among University Teachers? Examining the Role of Social and Psychological Capital and Spiritual Climate. Frontiers in Psychology, 13, 849412.

[60] Fabio, A., et al. (2017). Gratitude in Organizations: A Contribution for Healthy Organizational Contexts. Frontiers in Psychology, 8, 2025.

[61] Sawyer, K., et al. (2021). Being present and thankful: A multi-study investigation of mindfulness, gratitude, and employee helping behavior. The Journal of applied psychology, 107(2), 240-262.

[62] 正木郁太郎ほか. (2021). 性別ダイバーシティの高い職場における感謝の役割: 集合的感謝が情緒的コミットメントに及ぼす効果. 組織科学, 54(3), 20-31.

[63] Sawyer, K., et al. (2021). Being present and thankful: A multi-study investigation of mindfulness, gratitude, and employee helping behavior. The Journal of applied psychology, 107(2), 240-262.

[64] Madrigal, R. (2020). The role of identification and gratitude in motivating organization-serving intentions and behaviors. Journal of Business Research, 116, 75-84.

[65] Stegen, A., et al. (2018). Generating Gratitude in the Workplace to Improve Faculty Job Satisfaction. The Journal of nursing education, 57(6), 375-378.

[66] Hwang, Y., et al. (2021). The Effect of Job Stress and Psychological Burnout on Child-care Teachers' Turnover Intention: A Moderated Mediation Model of Gratitude. Perspectives of Science and Education, 49(1), 390-403.

[67] Sawyer, K., et al. (2021). Being present and thankful: A multi-study investigation of mindfulness, gratitude, and employee helping behavior. The Journal of applied psychology, 107(2), 240-262.

[68] DeSteno, D., et al. (2019). The grateful don't cheat: Gratitude as a fount of virtue. Psychological Science, 30, 979-988.

[69] Akgün, A., et al. (2016). The relationship among gratitude, hope, connections, and innovativeness. The Service Industries Journal, 36(3-4), 102-123.

[70] Pillay, N., et al. (2020). Thanks for your ideas: Gratitude and team creativity. Organizational Behavior and Human Decision Processes, 156, 69-81.

[71] Komase, Y., et al. (2022). Effects of the Collective Gratitude on Work Engagement: A Multilevel Cross-sectional Study. Journal of Occupational and Environmental Medicine, 64(11), e729-e735.

[72] Yamamoto, J. I., et al. (2022). Digitalizing gratitude and building trust through technology in a post-COVID-19 world?report of a case from Japan. Journal of Open Innovation: Technology, Market, and Complexity, 8(1), 22.

[73] Algoe, S., et al. (2020). A new perspective on the social functions of emotions: Gratitude and the witnessing effect. Journal of Personality and Social Psychology, 119(1), 40-74.

[74] Holmes, A., et al. (2012). Individual Differences in Amygdala-Medial Prefrontal Anatomy Link Negative Affect, Impaired Social Functioning, and Polygenic Depression Risk. The Journal of Neuroscience, 32, 18087 - 18100.

[75] Andrew Humington.(2023). The Neuroscience Of Gratitude: Why Self Help Has It All Wrong: Independently published

[76] Karns, C., et al. (2017). The Cultivation of Pure Altruism via Gratitude: A Functional MRI Study of Change with Gratitude Practice. Frontiers in Human Neuroscience, 11, 599.

[77] Hazlett, L., et al. (2021). Exploring neural mechanisms of the health benefits

of gratitude in women: A randomized controlled trial. Brain, Behavior, and Immunity, 95, 444-453.

[78] Koepp, M.,et al. (2009). Evidence for endogenous opioid release in the amygdala during positive emotion. NeuroImage, 44, 252-256.

[79] Koepp, M.,et al. (2009). Evidence for endogenous opioid release in the amygdala during positive emotion. NeuroImage, 44, 252-256.

[80] Machida, S., et al. (2018). Oxytocin Release during the Meditation of Altruism and Appreciation (Arigato-Zen). International journal of neurology, 4, 364-370.

[81] Barraza, J., et al. (2013). Effects of a 10-day oxytocin trial in older adults on health and well-being.. Experimental and clinical psychopharmacology, 21 2, 85-92 .

[82] Algoe, S., et al.(2014). Evidence for a role of the oxytocin system, indexed by genetic variation in CD38, in the social bonding effects of expressed gratitude.. Social cognitive and affective neuroscience, 9 12, 1855-61.

[83] Barraza, J., et al. (2009). Empathy toward Strangers Triggers Oxytocin Release and Subsequent Generosity. Annals of the New York Academy of Sciences, 1167, 182-89.

쓸모 많은 뇌과학

감사하는 뇌가 인생을 바꾼다

1판 1쇄 발행 2026년 2월 6일
1판 2쇄 발행 2026년 3월 11일

지은이 가바사와 시온, 다시로 마사타카
옮긴이 오시연
발행인 박명곤 **CEO** 박지성 **CFO** 김영은
기획편집1팀 채대광, 백환희, 이상지, 김진호
기획편집2팀 박일귀, 이은빈, 강민형, 박고은
기획편집3팀 이승미, 김윤아
디자인팀 구경표, 유채민, 윤신혜, 권지혜
마케팅팀 임우열, 김은지, 전상미, 이호, 최고은

펴낸곳 (주)현대지성
출판등록 제406-2014-000124호
전화 070-7791-2136 **팩스** 0303-3444-2136
주소 서울시 강서구 마곡중앙6로 40, 장흥빌딩 10층
홈페이지 www.hdjisung.com **이메일(문의/제휴)** support@hdjisung.com
제작처 영신사

"Create Curious Contents"
현대지성은 호기심 어린 마음으로 작가님의 원고를 기다리고 있습니다.
원고 투고는 togo@hdjisung.com으로 보내주시면, 정성껏 검토 후 연락드리겠습니다.

현대지성 홈페이지

이 책을 만든 사람들

기획 박지성 **편집** 박고은, 박일귀 **디자인** 윤신혜